내가 생각하는
집

내가 생각하는 집

2012년 8월 20일 초판 1쇄 발행
2012년 9월 1일 초판 2쇄 발행

지은이 | 권은순
발행인 | 전재국
본부장 | 이광자

임프린트 대표 | 이동은
책임편집 | 김기남
마케팅실장 | 정유한
책임마케팅 | 노경석 · 윤주환 · 조안나 · 이철주
제작 | 정웅래 · 박순이

발행처 미호
출판등록 2011년 1월 27일(제321-2011-000023호)

주소 | 서울특별시 서초구 사임당로 82
전화 | 편집(02)3487-1141 · 영업(02)2046-2800
팩스 | 편집(02)3487-1161 · 영업(02)588-0835

ISBN 978-89-527-6659-5 13590

본서의 내용을 무단 복제하는 것은 저작권법에 의해 금지되어 있습니다.
파본이나 잘못된 책은 구입하신 서점에서 교환해 드립니다.

미호는 아름답고 기분 좋은 책을 만드는
(주)시공사의 임프린트입니다.

내가
생각하는
집

권은순 지음

미호

추천사

내 또래의 대부분이 그렇듯이 유년 시절은 단독주택에서 보냈다. 자그마한 마당이 딸린 단층집으로 아카시아 나무가 그늘을 드리우고 담벼락을 둘러싼 화단에는 작은 연못이 있었다. 여름이면 엄마는 마당 한쪽의 수돗가에 긴 호스를 연결해 시원하게 물줄기를 쏘아대며 청소를 하셨다. 거들겠다고 나서면 내 몸은 어느새 땀과 물 범벅이 되어 흠뻑 젖었고 첨벙거리며 마당을 뛰어다니다 보면 청소를 돕는다기보다는 제 흥에 겨워 놀고 있는 쪽에 가까웠다. 중천의 해가 뉘엿뉘엿 넘어가고 오후로 접어들 무렵, 달아올랐던 염천의 더위는 사그라들고 물청소가 선사한 청량감만 가득했던 기억이 선명하다.

영원할 줄 알았던 그 순간은 강남의 아파트로 이사 오면서 페이드 아웃되었다. 청소년기와 성인기까지, 나에게 집은 그저 은신처Shelter로 충분했다. 비바람을 피하고 고단한 육신을 누일 수 있는 최소한의 기능에만 충실하면 그만이었다. 가족의 역사가 살아있는 집, 잊었던 내 유년 시절의 기억을 샘물처럼 길어 올리게 된 것은 결혼 후, 시부모님과 합가하면서부터였다. 아담한 정원에 봄부터 가을까지 돌아가며 얼굴을 빼죽 내미는 야생화를 키우는 재미로 사시던 시어머님은 마당 한 켠을 내어주시며 나의 반려견을 키울 수 있도록 허락해주셨다. 대형견이었던 반려견의 저지레가 끊이질 않았고 야생화는 절대 약자의 위치에 있었지만 시부모님은 사건 사고 앞에서 항상 웃어넘기셨다. 미안해하는 나를 오히려 위로하시던 그 자애로움 속에서 나는 가족의 의미와 '집'이라는 공간의 소중함을 체득했다. 성격도, 기호도 정반대인 고부 사이에 아이라는 교차점이 생기고 서로의 세상을 이해하기까지 집은 항상 변하지 않고 가족의 성장을 보듬어 안았다. 말수 없는 오랜 친구처럼, 흔들리지 않는 그 어떤 의미의 총체로서 집은 나에게 위안이었고 위로였다. 나는 집에서, 그러니까 가장 가까이에서 자연의 순환을 목도했고 그 안을 맴도는 시간의 단층에는 가족의 역사가 켜켜이 쌓여 있었다.

서울에서 몇 남지 않은 대표적인 주택가로 이사 온 지 10여 년이 흐른 지금, 우리 집에는 3대와 반려견들, 1백여 종의 야생화까지 대가족이 한 지붕 아래 옹기종기 모여 있다. 시골 대장장이처럼 야무진 손맛과 검박한 삶의 태도를 견지하신 채, 집을 아끼고 가꾸는 시부모님의 정성과 성격은 여전히 사금처럼 빛난다. 물리적으로 화려하고 아름답게 축조된 집보다 가족의 역사와 철학이 농축된 공간으로서의 집이 얼마나 많은 이야기를 할 수 있는지, 시부모님은 나에게 삶으로서 알려주셨다.

나의 '집'을 갖기까지의 긴 여정과 공간에 대한 애정이 듬뿍 묻어나는 《내가 생각하는 집》은 물리적인 재산으로서의 집이 아니라 가족의 성소로서의 집을 일깨운다는 점에서 고개를 끄덕이게 되는 대목이 많았다. 물론 이 책은 국내 인테리어 스타일리스트 1세대인 권은순이 그동안 보고 꾸민 아름다운 공간에 대한 소회를 포함하고 있지만 더 넓게는 인생 백서에 가깝다. 예쁘고 멋있는 공간 연출이라면 도가 텄을 그녀가 오롯이 자신과 가족을 위한 궁극의 공간을 찾기까지의 여정은 솔직담백하다. 요즘 유행하는 '스칸디나비안 스타일' '런던 스타일' 등을 정리한 인테리어 무크지와는 다르다. 무미건조한 스타일링 팁을 나열하기보다 오히려 이 같은 외양에 치우쳐 정작 집이 갖추어야 할 베이식 룰을 간과하고 있을지 모를 당신에게 건네는 조언과 고언이 담겨 있다. 스타일리시함만을 목표로 직진했던 당신에게 사이드 미러를 볼 줄 아는 여유, 혹은 공간에 정체성을 담고 싶어했던 당신이 필요로 했던 영감은 이 책이 선사할 고마운 미덕이다. 집을 꾸며보았을 뿐 아니라 집을 '짓고 산' 사람의 얘기가 담겨 있기 때문이다.

노은아
메종 코리아 편집장

Prologue

내게 있어 집이란, 조금만 신경 쓰면 가장 손쉬운 방법으로 가족들에게 기쁨을 줄 수 있는 공간이자 고단한 하루를 마감하는 휴식의 장소. 언제든지 가족 모두가 편안함을 느끼고, 각자의 공간에서 행복한 시간을 보낼 수 있어야 하는 곳이 집인 것이다. 결혼해서 지금까지 일과 가사를 병행하면서 항상 집에 즐길거리를 담고자 했던 것도 집을 소중하게 생각하는 마음이 컸기 때문이다.

지금까지 아름다움을 추구하는 일을 해왔지만, 집은 아름다운 것보다는 가족 모두가 마음 편하게 지내는 것이 우선이라고 생각한다. 하지만 이왕이면 다홍치마라고 나의 가족이 사는 곳을 보다 쾌적하고 아름답게 가꾸는 것은 가족은 물론 나 자신을 위한 일이기도 했다.

나뿐만 아니라 많은 여자들이 집을 중심으로 산다. 한 남자를 사랑해서 결혼하고 아이를 낳아 키우고 남편을 내조하는 것이 보통 여자들의 삶이다. 사회적으로 성공한 커리어우먼이라 해도 집을 떠나서는 존재할 수 없다. 정신없이 아이를 키우면서 복닥거리다 보면 어느새 아이가 훌쩍 컸음을 느낀다. 그런데 이즈음 되면 그만큼 부부의 미래까지도 생각해야 하는 시간이 가까워진 것이다.

조금은 유별나게 결혼반지 대신 카메라를 선물해달라던 남편은 결혼 이후에도 꾸준히 사진을 찍고 인화를 하는 취미생활을 즐겨왔다. 어느 날 은퇴 이후의 삶에 대해 진지하게 대화를 나누던 중 나는 남편에게 퇴직해서 사진 스튜디오를 운영하자는 제안을 했다. 사진과 관련된 일은 나와도 밀접한 연관이 있기 때문이다. 나의 제안에 남편 또한 고민할 것도 없이 흔쾌히 동의했다. 이것은 우리 부부가 단독주택을 꿈꾸게 되는 계기가 되었다. 그 준비를 위한 첫걸음은 아파트 생활을 마감하는 것이었다. 그리고 서울에서 조금 떨어진 곳에 땅을 매입하고 작업과 주거 공간이 함께하는 집을 짓기 시작했다.

집을 짓기 시작해 1년 6개월이라는 결코 짧지 않은 시간이 지나갔다. 집을 짓는 것은 생각만큼 쉽지 않은 도전이었다. 하지만 그 어떤 것보다 보람 있기에 이 여정을 독자들과도 공유하고 싶다. 이 책을 통해 소중한 가족이 사는 공간을 가꾸는 데서 오는 행복 바이러스가 고스란히 전해지기를 바란다.

오늘도 나는 창밖으로 드라마틱하게 펼쳐지는 자연을

바라보며 따스한 햇살을 벗 삼아 차 한잔 즐기는 호사를 누리고 있다. 어느 황후의 삶이 부럽지 않은 나의 일상을 여러분 또한 누릴 수 있었으면 좋겠다.

contents

추천사   4

Prologue   9

PART 1

어떤 집을 꿈꾸세요?

내가 살고 싶은 집   23
나의 아파트 생활   29
집을 떠나 세상의 집으로   34
개성이 담긴 뉴요커의 집   38
부티크 호텔 같은 집   54
드디어 땅을 파다   63
집을 지으며 배운 것들   72

PART 2
아름다운 우리 집

거실 분위기가 집을 결정한다	83
부부 침실, 나이 들수록 로맨틱하게	95
아들은 부재중	100
취미는 공유, 공간은 독립	105
내게는 너무 큰 주방	116
내가 갖고 싶은 욕실	124
우리 집에 사람이 오는 게 좋다	132

PART 3

집에 스타일을 더하다

권은순의 수납법	154
반짝반짝, 청소의 노하우	167
집 안에 생기를 불어넣는 스타일링	170
무드를 더하는 패브릭의 매력	186
실내에 자연을 들이세요	194
공간을 돋보이게 하는 데코 아이템	205

Epilogue   228

드디어 아파트를 팔기 위해 부동산에 내놓았다.

    아이가 성장하고 독립할 때가 다가오니 우리 부부의 삶에도 새로운 변화의 조짐이 보이기 시작했다. 사람들마다 그 변화의 내용과 폭이 다르겠지만, 각자의 일을 하면서 시간적으로 자유로운 우리 부부에게 비싸기만 한 서울의 아파트는 그다지 큰 의미가 없었다.

    아파트든 주택이든 집이란, 한 공간에 사는 가족들의 개성과 취향과 관계가 묻어나는 곳이다. 그런 의미에서 소박하더라도 가족들이 함께 이야기를 나눌 수 있는 공간이 있는 집, 일을 마치고 빨리 돌아가고 싶은 집, 아름다운 집, 그래서 머물고 싶은 집을 가지고 싶었다.

    이제 우리에게는 미래를 설계하고 중년을 즐기며 가까운 사람들과 함께 좋은 시간을 즐길 수 있는 집이 필요한 시점이 되었다. 남편과 나 그리고 아들은 앞으로 우리가 살아

갈 집의 모습에 대해 서서히 합일점을 찾아갔다.

 우리 가족은 아파트 생활을 정리하고 주택을 짓기 위한 계획을 세우기 시작했다. 집 지을 땅을 보러 다니고 돈을 마련하고 건축 설계를 의뢰하고 실내 인테리어를 하는 과정은 생각보다 어려웠다. 하지만 그냥 살기만 하는 집이 아닌 일을 함께 할 수 있고, 미래를 설계할 수 있는 우리만의 집을 가질 수 있다는 희망으로 이 모든 어려움을 견뎌냈다.

 ⋮

 그리고 드디어 집이 지어졌다.

내가 살고 싶은 집

나는 지금 단독주택에 살고 있다.

서울에서 거리가 좀 멀어도, 집이 좀 넓어서 청소가 걱정되어도, 밤의 무서운 고요함 정도는 괜찮은 나이가 되어 그런 불편함을 대수롭지 않게 여기며, 오히려 즐겁게 살고 있다. 이제 아이도 크고, 남편의 퇴직 이후의 삶도 생각해야 하는 나이가 되어가니 이런저런 불편함을 감수하고서라도 더 나은 미래를 위한 준비로 과감한 시도를 한 셈이다.

시간적으로나 편리함이 우선인 젊은 시절에는 아파트에서도 충분히 즐겁게 지낼 수 있었다. 바쁘게 일해야 하고, 아이가 어리기 때문에 보살핌이 필요한 시기에는 단독주택이나 전원주택은 생각만큼 유용하지 않았다.

우리가 단독주택에서 살아보기로 결심한 것은 그리 오래전이 아니다. 처음 아파트에서 신혼생활을 하고 20년 넘게 아파트에 살면서 편리함을 누리며 일과 가정을 잘 꾸려갈 수 있었다. 그때는 아파트에서 사는 것이 당연했다. 하지만 편리한 건 편리한 거고 천편일률적인 공간 배치와 디자인, 색상 때문에 항상 불만이 있었다. 아파트에 입주하면 새 아파트임에도 손보고 싶은 곳이 한두 군데가 아니었다.

오래전에 지어져 타인이 살던 집에 입주할 때는 어쩔 수 없이 리모델링을 해야 했지만 새로 지어진 아파트로 들어갈 때는 구조를 바꾸지 않는 선에서 가능한 한 효과적인 인테리어 공사를 했다. 아파트의 분양가에 인테리어 비용이 포함되므로 새집에 들어가면서 개조하는 것은 경제적으로 낭비라고 생각했기 때문이다. 하지만 우리의 현실에서는 어쩔 수 없이 바꿔야 하는 것들이 적지 않다.

우리나라의 아파트는 색이 참 많다. 그런데 색이 많아서 아름다운 것이 아니라 오히려 그 색들로 인해 산만하고 복잡하다. 이런 이유로 이사를 할 때마다 가지고 있는 가구들이 새집에 어울리지 않는 경우가 빈번하다. 가구가 오래되고 낡아서 혹은 유행이 지나서가 아니라 아파트에 사용된 너무나 많은 색들 때문이다.

색뿐만 아니라 건축자재 또한 다양하게 사용되어 복잡하다. 영화나 잡지 등지에서 흔하게 접할 수 있는 서양의 집들을 예로 들어보자. 보통 무난한 흰색이나 아이보리색이 대부분이고, 나무색이라 하더라도 편안한 내추럴 계열의 색이다. 그래서 오래된 낡은 가구와도 잘 어울린다. 앤티크한 가구는 물론 빈티지한 것들과도 멋지게 조화를 이룬다.

오랫동안 함께 일한 성혜경 실장이 뉴욕에 갔다가 짝을 만나 2년 전에 결혼해서 그곳에서 살고 있다. 그녀의 결혼식 때 후배들과 함께 뉴욕의 신랑 집에서 머물렀던 적이 있었다. 신랑 혼자 사는 오래된 주택이었는데, 여러 번 흰색 페인트를 칠한 벽과 어머니 때부터 쓰던 가구며 생활 집기들로 세월의 흔적이 느껴졌으며, 무엇보다 정갈해 보였다.

그 후 1년이 지나 그들의 집을 다시 방문했을 때는 맨해튼 지향적인 아내를 위해 허드슨 강가의 멋진 아파트로 이사해 있었다. 두 사람이 살기에 딱 좋아 보이는 원베드 룸의 이 아파트 역시 그들은 입주하면서 아무것도 할 필요가 없었다. 단순한 몰딩 정도의 장식에 하얀 페인트칠이 되어 있는 이곳에서 그녀는 마음에 드는 가구만 사서 배치하면 되었고, 심플한 벽면은 어떠한 소품과도 근사하게 어우러졌다.

반면 우리나라의 아파트는 우리를 고민하게 만든다. 이미 시공된 것은 어쩔 수 없지만 혹시 도배라도 새로 해야 한다면 무엇보다 색을 절제하는 것이 좋다. 아이들 방에 컬러감을 주는 것 말고는 어떠한 무늬도 사용하지 않는 게 낫다. 그럼에도 우리의 아파트는 복잡하다. 하다못해 가전제품에도 현란한 컬러에 화려한 무늬가 있지 않은가. 하지만 심플하게

성혜경 실장의 뉴욕 집 1 전체적으로 화이트 색상에 심플한 천장 몰딩이 돋보인다. 모노톤의 커튼과 소파를 매치하고 벽은 빈티지한 액자로 장식했다. 2 매입 조명만 설치되어 있는 천장에 샹들리에로 포인트를 주었다. 3 빈티지 로맨틱 스타일의 철제 침대와 조명, 그리고 심플한 화이트 베딩으로 깔끔한 침실을 연출했다.

집을 꾸미고 나면 고민이 줄어든다. 복잡한 인테리어보다 한결 수월하게 꾸밀 수 있으며, 세련되고 스타일리시해 보인다.

지금 살고 있는 집에 사람들이 놀러 오면 하나같이 집이 큰 것 같지는 않은데 짜임새 있고 평수에 비해 넓어 보인다고 말한다. 나는 어떤 크기의 아파트에 살아도 이와 비슷한 얘기를 듣곤 했다.

"여기가 20평 맞아?"

"여기가 28평 맞아?"

"여기가 42평 맞아?"

자신의 집을 리모델링한 같은 동에 사는 사람들조차 이렇게 말하기도 했다.

"같은 아파트인데 이렇게 다르네."

어느 평수에서도 우리의 거실은 넓어 보였고, 주방에는 큰 아일랜드 식탁과 기다란 테이블이 있었다. 넓다고 넓어 보이는 것이 아니라 정해진 곳에서 넓어 보이게 하는 것이야말로 진정한 인테리어의 힘이다.

나의 아파트 생활

결혼할 당시 우리는 운 좋게도 시댁으로부터 서울의 괜찮은 동네 20평 아파트를 받았다. 20평 아파트는 큰 공간 하나와 아주 작은 방 하나가 있었는데, 큰 공간에 침대를 들여놓고 거실 겸 침실로 쓰는 집이 많았다. 하지만 나는 거실을 크게 쓰기 위해 작은 방을 침실로 꾸몄다. 침대 하나만 놓아도 겨우 문을 열 수 있을 만한 작은 침실이었지만, 그 대신 큰 거실을 얻을 수 있었다. 작은 주방이지만 아일랜드 테이블을 갖고 싶어 정사각의 이인용 다이닝 테이블 대신 싱크대 앞에 길이가 길고 슬림한 아일랜드 형태의 다이닝 테이블을 맞춤 제작했다. 그렇게 꾸민 20평 아파트에서 우리는 2년간 행복한 신혼을 보냈고, 아들도 태어났다.

그런데 시댁의 경제적 사정으로 소중한 아파트를 팔고 시부모님과 함께 살게 되었다. 8년 동안 함께 살며 경제적 어려움을 극복하고, 아들이 초등학교 3학년 되던 해 우리는 분당의 28평짜리 아파트로 다시 분가할 수 있었다. 28평 아파트에 입주하기 전 우리는 어떻게 살고 싶은지 많은 생각을 하고 충분히 이야기를 나눴다. 남편은 그동안 흡족하지 못했던 오디오 시스템을 제대로 즐길 수 있는 오디오룸을 원했다.

크지 않은 세 개의 방 중 하나는 우리 부부의 침실, 하나는 아이 방, 나머지 방을 오디오룸으로 할애하고 싶었지만 예기치 못한 어려움에 부닥쳤다. 오래된 아파트라서 붙박이장이 전혀 없었던 것이다. 우리 셋의 옷을 수납할 공간이 없다면 쾌적한 환경을 보장할 수 없기에 남편에게 이 아파트에서는 오디오룸을 따로 만들 수 없다는 것을 설명하고 겨우겨우 설득했다.

가장 먼저 텔레비전을 거실에서 없애고 음악을 듣거나 책을 보는 분위기로 꾸며 아쉽지만 오디오룸을 대신하기로 했다. 마침 아이가 초등학교 3학년이니 거실에서 텔레비전을 없앤 것은 한창 성장기인 것을 감안하면 훌륭한 결정이었다. 또 하나의 과감한 시도는 부엌의 싱크대를 거실로 향하게 했다는 것이다. 각자 바쁜 일과로 집에 머무는 시간이 짧지만 그 시간만큼이라도 가족들이 서로 눈을 마주칠 수 있게 했다. 그리 크지 않은 공간이지만 로망이던 ㄷ자 주방과 큼직한 아일랜드 다이닝 테이블도 설치했다. 그리고 거실에는 꼭 해보고 싶었던 기다란 테이블도 놓았다.

그곳에 사는 3년 동안 우리 가족은 참으로 분주했다. 서초동에 있는 사무실로 출근해야 했기에 아침과 저녁 식사가 부담스러웠다. 아무리 업무를 일찍 끝내고 집으로 달려가도 8시가 되어서야 저녁을 먹을 수 있었다. 아이의 학원 시간과 겹치면 어쩔 수 없이 대충 때우기도 해 마음이 쓰였다.

아이가 6학년이 되던 해 우리는 분당 아파트를 처분하고, 서초동에 있는 재개발 아파트를 계약했다. 아파트가 완공되는 4년 동안은 근처의 저렴한 빌라에서 전세로 살았다. 아무래도 전셋집이니 원하는 것을 포기할 수밖에 없었는데, 단지 사무실이 가까워 아이에게 아침과 저녁 식사를 챙겨줄 수 있다는 것만으로 만족했다. 야근이 잦았기에 때로는 집에 가서 아이에게 저녁을 챙겨주고 아이는 학원으로, 나는 다시 사무실로 가기도 했다.

아이가 고등학교 1학년 되던 해 우리는 서초동의 조용한 동네 42평 아파트에 입주했다. 아이의 학교에서 집까지는 조용한 학교 담을 따라 5분 정도 걸어가면 될 만큼 가까워 매우 만족스러웠다. 주변 환경도 깨끗하고 평화로운 동네였다. 아이가 사춘기를 안정적으로 보내고 밝게 커가고 있어 새로 입주하는 집을 꾸미는 것이 예전과는 큰 차이가 있었다.

그동안의 집이 성장하는 아이 중심이었다면, 이제는 공간도 어느 정도 커졌고 아이도 많이 성장했기에 가족 모두를 위한 집으로 완성하기 위해 서로 의견을 나누었다. 우선 음악과 오디오를 유난히 좋아했지만 지금까지는 양보할 수밖에 없었던 남편의 오디오룸을 가장 큰 방으로 정하고, 거실에는 텔레비전을 다시 배치했다. 아이가 편하게 드나들 수 있도록 아이의 공간을 현관 가까운 방과 욕실로 정했다. 여전히 우리 침실은 작은 방이었지만 속 시원하게 큰 테이블도 놓고, 베란다도 아늑하게 꾸며 특별한 공간으로 만들었다.

이제 우리 가족은 이 집에서 함께 음악을 듣고 영화를 보고, 와인 한잔 나누며 이런저런 이야기꽃을 피우는 행복한 하루하루를 보낼 수 있었다.

하지만 상황은 때론 예기치 못하게 다가오기도 한다. 새로 입주하면서 정말 오랫동안 살 거라는 생각으로 많은 정성을 들여 집을 꾸몄지만 아들의 유학이라는 변수가 생긴 것이다. 아이를 유학 보낼 생각은 하고 있었지만 고등학교 1학년 한 학기를 마치자마자 아이가 미국으로 떠나고 나니 집 안이 갑자기 텅 빈 것처럼 너무 넓게 느껴졌다. 결국 나도 그동안 원했던 뉴욕에서의 1년을 보내기 위해 집을 떠났다.

그로부터 지금의 집으로 들어오기까지 16평의 오피스텔, 24평의 오피스텔, 형태도 잘 갖추어지지 않은 이층집을 전전했다. 20년 동안 우리 가족은 아파트와 빌라로 무려 열 번이나 이사를 한 셈이다. 편리한 라이프스타일을 위해 이사하기도 했지만 때로는 어쩔 수 없는 상황에 이끌리기도 했다. 때로는 너무나 좋은 상황으로, 때로는 어쩔 수 없이 불편한 상황으로 옮겨 다니면서도 그때마다 가장 중요한 공간을 최우선으로 방의 용도를 정했다. 이처럼 조건이 열악할지라도 우리 가족이 좋아하는 집으로 꾸미기 위해 노력했다.

집짓고 살기 시작한 지 이제 두 달 남짓, 나는 내가 꿈꾸던 집에서 많은 것을 누리며 살고 있다. 결혼해서 살았던 첫 번째 아파트, 분당의 28평 아파트, 서초동의 42평 아파트에 이르는 지난 20년이 넘는 아파트에서의 시간은 우리 가족이 참으로 열심히 살았다는 추억으로 남아 있다. 한창 일하고, 아이를 낳아 키우며 20대부터 40대까지의 삶이 고스란히 담겨 있는 내 삶의 일부분인 것이다.

집을 떠나 세상의 집으로

2007년 여름이 시작될 무렵 《이야기가 있는 인테리어 집》을 출간한 뒤 나는 집을 떠나 뉴욕에서 1년이라는 소중한 시간을 보냈다.

맨해튼에 대한 로망은 십수 년 전 여름, 뉴욕에서 열흘 정도 머물렀던 것으로 시작된다. 그로부터 언젠가 한 번은 이곳을 온전히 느낄 수 있을 만큼 살아보고 싶었다. 아니, 훨씬 더 이전부터 오랫동안 디자인 일을 하면서 20~30대에 외국 유학생활을 해보지 못한 것에 대한 아쉬움이 항상 가슴 깊이 자리했다. 나는 그런 아쉬움을 해소하기 위해 수차례에 걸쳐 길지 않지만 새로운 것을 배우러 외국으로 떠나곤 했다. 결혼해서 6개월 만에 떠난 일본 연수를 시작으로 LA와 영국 등지에서 머물며 문화와 예술에 대한 감각을 키워갔지만 뉴욕에 대한 사랑은 좀처럼 사그라들지 않았다.

그리고 가을이 깊어질 무렵, 열정을 다해 일했고 너무나 애착을 가지고 몸담았던 까사스쿨을 사직하고 떠날 결심을 했다. 남편은 '열심히 일한 당신, 떠나라'며 흔쾌히 받아주었다. 살고 있는 아파트를 팔기 위해 부동산에 내놓고, 팔리기 전까지는 월세를 주었다. 남편은 당시 부산에 파견 근무 중이었고, 6개월 후에나 서울 본사로 복귀할 예정이었다. 빈 집을 그냥 둘 만큼 우리는 경제적으로 넉넉한 편이 아니었다. 아파트 보증금과 남편의 퇴직금을 중간 정산해서 받은 돈을 합해 내가 다시 서울로 돌아왔을 때 우리의 미래를 위한 스튜디오를 짓기 위해 파주의 땅을 계약했다.

　서울의 강남에서 좀 떨어진 곳이라 직장을 다닐 동안은 불편하겠지만 퇴직 후의 준비를 위한 결정이었다. 우리가 계획한 스튜디오는 나의 일의 연장이며 남편의 미래 일이기도 하며 우리가 살 집이기도 했다. 남편은 혼자 지내는 동안 작은 원룸에서 살기로 하고 꼭 필요한 짐만 옮겼다. 그런데 회사에서 사직을 허락하지 않아 겨우 두 달간의 휴가를 받을 수 있었다. 다시 복직한다는 약속을 하고 비행기에 올랐지만 두 달간의 맨해튼 생활은 시간적으로 나의 욕구를 충족시키지 못했다.

　서울로 돌아오자마자 나는 다시 사직의 뜻을 밝혔다. 그리고 유학 중인 아들의 일정 등 실타래처럼 얽혀 있던 복잡한 일들을 해결한 후 다시 맨해튼으로 돌아갔다. 마침내

26년의 사회생활과 20년의 결혼생활 만에 1년 동안 휴가를 보낼 수 있었다. 아들은 캘리포니아로, 아내인 나는 뉴욕으로 떠나는 날 공항에서 우리 가족은 많이 섭섭해하기보다는 즐겁고 희망적이었다. 그만큼 우리 가족은 서로에 대한 끈끈한 사랑과 확고한 믿음이 있었지만 각자 독립심이 강해 혼자인 것을 즐길 줄 알았다고나 할까. 언제나 우리 가족은 이렇게 말하곤 한다. "따로 또 같이!"

어느 것도 쉽게 저절로 이루어지는 것은 없지만 자신의 바람을 이루기 위해 항상 노력하고 좋은 마음으로 살다 보면 그러한 기회는 반드시 온다. 가족과 일이 있는 여자가 가족과 집을 떠나 1년간 맨해튼에서 홀로 생활할 수 있었던 것은 그동안 노력한 결과라고 자신 있게 말할 수 있다.

그로부터 1년 후 나는 다시 집으로 돌아왔지만 아무리 기다려도 아파트는 팔리지 않았다. 결국 중도금과 잔금을 해결하지 못해 다시 땅을 해약하고 계획을 미룰 수밖에 없었다. 사실 파주는 서울에 회사가 있는 우리 부부에게 거리적으로도 문제였다.

다시 1년 넘게 기다린 끝에 2010년 8월, 경기 침체로 부동산 거래가 좋지 않은 상황에서 아파트가 팔리는 행운이 찾아왔다. 드디어 땅을 보러 다닐 수 있었는데, 지난번의 시행착오를 교훈 삼아 서울에서 인접한 양재동 옆 과천, 일원

동, 세곡동 등을 다니며 조건에 맞는 땅을 찾아다녔다. 결국 처음 봤던 양재동 옆 동네인 과천에 위치한 74평의 작은 땅을 구입했다. 123평 땅에 화강석으로 지어진 건물이 싸게 나왔다는 권유도 받았지만 따분한 외관에 천장도 낮고 넓기만 한 그 건물에서 내가 생활하는 그림이 그려지지 않았다. 우리 가족의 첫 번째 단독주택은 몇 가지 원칙이 있었다. 서울에서 30분 이내의 거리로 우리가 원하는 자연을 전망으로 가질 수 있고, 우리의 개성을 드러낼 수 있는 설계와 인테리어가 가능한 집이었다.

   내가 과감하게 뉴욕으로 떠나지 않았다면 이런 용기를 낼 수 있을까. 나의 미래와 남편의 미래를 생각하는 것은 마찬가지였지만, 내 일의 반경과 가까운 곳에 위치한 집, 땅은 작지만 실속 있게 넓은 집, 부잣집에서만 가능할 것 같은 호사스러움을 누릴 수 있는 멋진 집을 꿈꿀 수 있었을까. 그래서 가끔은 자신이 현재 존재하는 그 자리에서 떠나보는 것도 좋은 것 같다.

개성이 담긴 뉴요커의 집

뉴욕의 중심, 맨해튼. 많은 사람이 다양한 모습으로 이 곳을 사랑하며 살아가고 있다.

나 또한 센트럴파크를 산책하고 퍼블릭 라이브러리와 뮤지엄에서 예술을 온몸으로 체험하고 맨해튼 거리를 걸으며 일상에서의 여유로운 삶을 느끼고 다양한 음식을 맛보고 오페라와 발레, 오케스트라를 관람했던 그 시간을 잊을 수가 없다.

누구나 각자 관심 분야가 다르므로 뉴요커를 만나 얘기를 나누면 그들이 뉴욕을 사랑하는 이유 또한 제각각이다. 함께 길을 걷다 보면 똑같은 거리를 걷고 있음에도, 건축가 존John은 "저 멋진 건물이 그라스 건물에 비친 모습을 봐. 얼마나 멋진지 몰라!"라며 감탄하지만, 그림을 그리는 아티스트 존은 다른 것은 안중에도 없다. 그저 "Beautiful painting."만 외칠 뿐. NYU에서 함께 인테리어 디자인 수업을 들던 틱Tik은 맑은 하늘과 거리에 소담스럽게 핀 꽃과 나무에 감동한다.

우리가 익히 보아온 여행 가이드북에 소개된 뉴욕은 여행자로서 느낄 수 있는 모습이며, 그런 정보는 어느 책에나 있는 비슷비슷한 장소들 일색이다. 따라서 그런 장소를 둘러보는 것만으로는 뉴욕의 진정한 매력을 느끼고 빠질 수 없다. 뉴요커들이 소개하는 뉴욕은 같은 장소라도 누가 추천하느냐에 따라 천차만별이다. 센트럴파크만 해도 같이 가는 친구에 따라, 사는 동네에 따라 각자 좋아하는 장소가 달라 천의 얼굴을 가진 공원처럼 느껴진다.

뉴요커들은 남에게 피해를 주지 않으면서 배려할 줄 안다. 봉사하는 삶을 즐기면서 자신이 가진 것을 사회에 환원할 줄 알며 남에게 보여지는 것보다 스스로 만족하는 삶을 살고 있다. 그래서 그들은 다양한 삶의 모습처럼 개성이 드러나는 집을 가꾸고 즐긴다. 그들이 사는 집이나 공간은 집주인의 성격이나 개성 혹은 어떤 라이프스타일을 지니고 있는지를 보여준다.

키다리 아저씨 샘의 프라이빗 클럽

샘은 미국 상류사회의 전형으로 내게는 키다리 아저씨 같은 존재였다. 성공한 사업가로 아름다운 두 번의 결혼을

했으며 현재는 두 와이프와 두 아들을 모두 먼저 보낸 슬픔을 이겨내고 모든 재산을 사회에 환원한 후 평안하게 노년을 보내고 있는 80대 초반의 할아버지다. 자신을 위해서는 센트럴파크 남쪽의 원룸 아파트 하나와 필라델피아로 휴가를 갈 때 사용하는 밴 자동차, 그리고 아프면 치료를 받을 수 있는 비용 정도만 남겨두었다. 하지만 그의 재산은 작은 원룸 하나만이 아니었다.

　인터내셔널 아트 클럽International Art Club, 뉴욕 애슬레틱 클럽New York Athletic Club, 로터스 클럽Lotus Club, 프라이어스 클럽Friars Club의 네 곳은 샘이 모든 재산을 기부한 프라이빗 클럽Private Club으로 그의 또 다른 집이다. 맨해튼 요지에 자리 잡은 이 클럽의 건물에서는 많은 자선 행사가 정기적으로 열리는데, 기부자와 그가 초청하는 사람들만 참가하는 하이 소사이어티 클럽High Society Club으로 운영되고 있다. 평소에 기부자들은 이곳에서 식사를 즐기거나 스포츠와 취미생활을 하는 등 다양한 혜택을 누리고 있다.

　영화에서나 볼 수 있는 품격 있는 생활과 그 명성만큼 아름다운 클래식한 실내 분위기가 어우러진 곳에서의 삶의 모습을 보여준 샘 아저씨는 내게는 영원히 키다리 아저씨로 기억되고 있다.

1 샘의 원룸 아파트. 그의 인생 여정을 느낄 수 있는 추억으로 가득 차 있다. **2** 뉴욕 애슬레틱 클럽(NYAC)의 루프탑(꼭대기 층)에는 전망 좋은 이벤트 홀이 있어서 회원들을 위한 행사 등이 열린다. **3** 뉴욕 애슬레틱 클럽(NYAC)의 로비. 그 명성에 걸맞은 클래식한 실내 분위기로 웅장한 느낌을 준다.

작가와 기자 등의 저널리스트를 후원하는 로터스 클럽의 현관과 계단 모습. 섬세한 레이스 문양으로 꾸민 문 장식과 난간이 돋보인다.

젊은 아티스트를 후원하는 인터내셔널 아트 클럽의 도서관. 오래전부터 이어온 전통적인 모습이 그대로 간직되어 있다.

영화인들을 후원하는 프라이어스 클럽 내부. 요소요소에 유명 배우들의 사진이 걸려 있다. 각 룸의 명칭은 배우들의 이름을 따서 만들어졌다.

인테리어 디자이너 에드워드 로브라노의 집

 샌프란시스코를 기점으로 뉴욕에서도 활동하는 건축가 로브라노는 건축과 인테리어에 있어서 하이엔드 디자인을 추구하고 있다. 뉴욕에 있는 동안 NYU Continuing Education의 Interior Design Cetification 과정을 수강하던 중 유명한 건축가와 인테리어 디자이너의 집을 방문하는 수업에 참여한 적이 있다. 하루에 서너 군데씩 총 십여 곳의 집을 방문하는 이 수업은 미국에서 꽤 인지도 있는 디자이너의 통솔 아래 각각의 집을 상세히 둘러본 다음 그 집주인인 건축가나 인테리어 디자이너들과 대화를 나누는 형식으로 이루어진다. 그런데 이때 사진 촬영은 철저히 금지된다.

 나는 방문했던 여러 집 중 특히 로브라노의 집이 인상적이었는데, 다음 날 내가 쓴 책을 선물하면서 그와 인연이 이어졌다. 아르마니 슈트가 잘 어울리는 그가 직접 디자인하고 시공하고 스타일링까지 했다는 아담한 아파트는 네오클래식을 기본으로 에스닉한 스타일이 품격 있게 섞여 있었다. 특히 작은 거실이지만 소파와 의자를 배치함에 있어 공간 활용도가 돋보였으며 여러 명이 둘러앉아 대화를 나눌 수 있는 것이 인상적이었다. 싱글 라이프를 즐기는 그는 인테리어 스타일링에 있어서 대칭을 이룬 부분과 그렇지 않은 공간마저도 철저한 계산 아래 소품들을 흐트러짐 없이 정리하고 있었

로브라노의 침실은 대칭의 미를 살린 데커레이션이 정갈하게 표현되어 있다. 커튼과 침구에 체크무늬 패브릭을 사용해 전체적으로 통일감을 주었다. 코너마다 네오클래식과 에스닉한 스타일의 소품으로 스타일리시하게 연출했다.

다. 한마디로 신사의 품격이 느껴지는 공간이었다.

부동산 컨설턴트 존 샌더가 소개한 아파트

부유한 뉴요커들이 사는 동네에서 아파트를 개조하고 되파는 일을 하는 존은 23번가 이탤리언 레스토랑 주인의 친한 친구다. 이곳 주인이 내게 도움이 될 것 같다며 친구를 불러 함께하는 자리를 자주 마련했다. 어느새 친해진 그에게 나의 첫 번째 책을 선물했고, 존은 스타일링 중인 아파트가 있다며 그곳을 보여주었다. 친구들이 살고 있는 집은 여러 곳을 다녔지만 입주하지 않은 새집을 볼 수 있는 좋은 기회였다.

인테리어 스타일링을 위해 영국에서 친구를 불렀다는 이곳은 컨템퍼러리 모던 스타일로 꾸며지고 있었다. 고급 아파트지만 과하지 않은 심플한 인테리어로 절제된 컬러 사용은 물론 편안하게 놓인 소파와 다이닝 테이블, 간접조명 등 모든 것이 조화를 이루며 세련된 감각을 보여주었다. 아직은 사람이 살지 않아 썰렁해 보였지만 이곳에서 생활하게 될 누군가를 상상하니 조금은 부러웠다.

아파트를 분양하기 위한 스타일링으로 기본적인 가구와 조명을 세팅한 이곳은 최근의 뉴욕 컨템퍼러리 스타일을 잘 보여주고 있다.

스페인 TV 방송국을 운영하는 존 페로의 집

존 페로는 스페인 TV 방송국을 운영하는 사업가다. 그래서인지 거실로 들어가는 입구의 벽면을 가득 메운 영화 DVD가 인상적이었다. 거기에는 외국에서 예술성을 인정받아 외국 영화제 등에서 수상한 한국영화도 꽤 있었다. 그는 뉴욕에서 아르헨티나 부호의 딸과 만나 두 나라를 오가며 사랑하고 결혼해서 아이를 둘 낳았지만 20년 만에 헤어지고 15년 동안 혼자 살고 있는 깔끔 떠는 아저씨다.

이곳은 맨해튼 업타운 83번가로 센트럴파크와도 가까운 살기 좋은 동네였다. 넓은 거실과 다이닝에 비해 두 개의 침실과 주방은 작은 아파트로, 거실에는 소파와 함께 콘솔테이블과 의자를 자유롭게 배치해 사람들이 둘러앉아 대화를 나누기에 좋았다. 곳곳에 놓인 오래된 사진 액자가 집 안 분위기와 자연스럽게 어우러져 그들의 추억을 보여주고 있었다. 정겨움이 묻어나는 따스한 공간이었다.

오랜 시간과 추억이 묻어나는 가구와 소품들로 꾸며진 전형적인 아메리칸 스타일의 집이다. 거실에는 여러 사람이 모여도 둘러앉을 수 있게 충분한 의자들을 배치했다.

뉴욕에 머물면서 느낀 것은 미국 남자들은 인테리어에 관심이 많다는 점이다. 우리나라의 라이프스타일 매장에는 거의 대부분이 여자이며 간혹 남자들이 보여도 아내를 따라오는 정도지만 미국은 사뭇 달랐다. 남자 혼자 또는 남자들끼리도 생활용품을 유심히 살피거나 쇼핑하는 모습을 자주 볼 수 있었다. 미국의 싱글 남자들은 집을 꾸미고 집 안에서 보내는 시간을 즐길 줄 아는 것 같았다. 한국 남자들도 집은 여자들이 알아서 꾸미는 거라는 고정관념을 버리고 집 꾸미기에 관심을 갖는다면 한층 더 풍요로운 삶을 누릴 수 있을 텐데 하는 아쉬움이 드는 건 왜일까.

부티크 호텔 같은 집

언제부터인가 나는 가장 살고 싶은 집을 상상하며 여기저기 메모하고 좋아하는 집들의 사진을 모아왔다.

대학을 졸업하고 30년간 꾸준히 디자인 일을 해왔으니 그동안 아이디어를 찾을 수 있는 기회가 많았다. 아름답거나 흥미로운 배경을 찾아 영화를 보기도 했고 여행과 전시, 뮤지엄에 가서 아이디어를 얻기도 했다. 심지어 매거진 화보에 나오는 외국 집이나 거리에서도 영감을 찾을 수 있었다. 그러한 경험과 자료 등을 바탕으로 아이디어를 내고 나만의 스타일을 만들 수 있었다. 국내에서 라이프스타일을 다루는 브랜드로는 처음으로 '전망좋은방'을 론칭하고 6년간 기획실장으로 일하면서 패션 디자이너 시절에는 접할 수 없었던 외국의 감각적인 생활문화를 경험할 수 있었다.

지금 사는 집에 입주하고 2주 만에 모 잡지에서 우리 집 화보를 찍기 위해 방문한 적이 있다. 취재를 나온 기자가

"너무 멋져요. 감동이에요" 하는 말에 나는 "기자님은 멋진 집에 많이 가봤을 텐데요 뭘. 우리 집은 크지도 않고 지극히 평범한걸요" 하고 대답했다. 그 기자는 "부잣집은 많지만 이렇게 멋있는 집은 처음이에요"라고 말했는데, 왠지 그 말의 뜻을 알 수 있을 것 같았다.

부잣집을 클래식한 대형 호텔에 비유한다면 우리 집은 부티크 호텔이라고 생각한다. 나는 여행을 가면 유명 호텔이 아닌 현대적이고 감각적인 디자인과 함께 볼거리와 즐길거리가 있는 부티크 호텔에 묵는 것을 좋아한다. 세련된 분위기의 부티크 호텔에서 묵거나 둘러볼 때면 '멋진 부티크 호텔 같은 집에서 살고 싶다'는 생각이 든다.

뉴욕의 그래머시파크 호텔과 허드슨 호텔은 이런 면에서 단연 최고다. 디자인적으로 최고의 스타일을 보여주고 있어 세계적인 패션 피플과 감각적인 사람들이 끊임없이 모여든다. 실제로 고객이 묵는 룸은 크지 않지만 독특한 콘셉트를 가진 디자인으로 완성되어 있다. 룸의 디자인뿐 아니라 레스토랑, 바, 테라스 등의 인테리어 또한 특유의 감각적인 분위기를 지니고 있거니와 그곳에서 이루어지는 문화, 예술, 엔터테인먼트 등은 라이프스타일을 선도하는 공간으로서의 역할을 충실히 해내고 있다.

나는 늘 부티크 호텔 같은 집, 단지 멋진 집만이 아닌 멋과 문화와 예술, 취미생활을 함께 즐길 수 있는 곳, 가족만을 위한 공간이 아니라 때로는 친구들을 초대해 함께 즐길 수 있는 그런 곳을 꿈꾸어왔다. 스타일은 갑자기 배운다고 생기는 게 아니다. 오랜 시간 관심을 가지고 좋은 것을 많이 보고 생각할 때 자연스럽게 쌓여가는 것이다. 그런 과정을 통해 자신만의 스타일이 만들어진다. 이번에 지은 집의 공간을 계획할 때도 멋진 기억으로 가득 찬 특별한 장소, 여행지에서 가본 인상적인 곳 등 시간이 지나도 잊혀지지 않는 곳을 떠올리며 응용해보았다.

운이 좋게도 다양한 경험으로 좋아하는 스타일을 찾을 수 있었고, 나만의 스타일이 묻어나는 집을 갖게 되어 기쁘다.

감각적인 부티크 호텔들

그래머시파크 호텔
기존에 주목받았던 부티크 호텔과는 전혀 새로운 각도의 스타일을 보여주는 그래머시파크 호텔은 인테리어에 아트 감각을 중요하게 매치시킨 곳이다. 고급스러움과는 거리가 먼 듯한 강렬하고 비비드한 색상의 배합은 그 강렬함을 빈티지로 승화시켜 생각지 못한 감동을 자아낸다.

허드슨 호텔

뉴욕의 부티크 호텔 중에서도 손꼽히는 허드슨 호텔은 대학 캠퍼스 분위기가 물씬 난다. 필립 스탁의 믹스앤매치 스타일이 반영되어 극도의 모던함과 빈티지한 스타일이 절묘하게 어우러지고 있다. 실내 분위기 못지않게 야외 공간 역시 도시의 건물 사이에 있음에도 불구하고 편안한 분위기를 자아낸다.

마마쉘터 호텔
파리의 소외된 위험지구였던 20구에 위치한 마마쉘터 호텔은 '도시적인 농장'이라는 콘셉트를 지향한다. 독특한 인테리어를 바탕으로 젊은 아티스트들의 기발한 그래피티와 예기치 못한 재미있는 소품들로 활기가 넘쳐나는 곳이다.

샌더슨 호텔
샌더슨 직물 공장이 있었던 낡은 60년대 건물에서 파격적인 디자인을 통해 새롭게 거듭난 호텔이다. 이 호텔은 유니크한 가구와 패브릭 장식으로 실내 공간을 완성시켰다. 강렬한 카펫과 모던한 화이트 소파를 대비하여 매치한 게 돋보인다.

세인트마틴스레인 호텔
1960년대 모더니즘 분위기의 세인트마틴스레인 호텔은 부티크 호텔의 선구자인 이안 슈레거와 필립 스탁의 합작으로 만들어졌으며, '극장 같은 호텔'이 콘셉트다. 크지 않은 로비 공간이지만 곳곳에 유니크한 가구들을 배치해 흥미를 부여한 반면, 객실은 최상의 모던함을 바탕으로 꾸며져 있다.

이 호텔에서 빠질 수 없는 것이 있다면 수준 높은 레스토랑이다. 라이브러리를 연상하게 하는 벽 장식이 돋보이는 레스토랑은 세련된 문화를 겸비한 스타일리시한 장소로 알려져 있다.

드디어 땅을 파다

집을 지을 땅은 아파트가 팔리고 나서 석 달 만에 살 수 있었다.

지난번 파주에 땅을 사려고 했을 때처럼 실수를 하지 않기 위해 아파트 계약금을 받고 나서 그동안 보았던 곳부터 검토하기 시작했다.

역시 가장 큰 고민은 돈이었다. 우리가 책정한 비용으로는 70평 정도밖에 살 수 없는데 일단 100평 이하의 땅이 없었다. 그래도 포기하지 않고 기다린 끝에 집이 많지 않은 골목 안에 74평의 땅을 찾았다. 부담스러운 금액이었지만 앞뒤로 들과 산이 있는 전망 좋은 집을 가질 수 있을 것 같았다.

신중하고 어려운 결단을 내려 땅을 샀지만 곧바로 집을 짓지는 못했다. 건축비가 턱없이 부족했기 때문이다. 집을 짓는 비용을 감당하지 못해 도중에 중단하는 상황은 만들고 싶지 않았다. 우리는 건축비를 마련하기 위해 오래전에 사두었던 지방의 땅도 내놓았다. 땅을 사고 당장 집을 짓고 싶었지만 국내 경기는 물론 부동산 경기가 바닥인 시점에서 땅이 언제 팔릴지 모르는데 덜컥 시작하자니 겁이 났다.

당장 공사를 시작할 수는 없었지만 우리가 지을 집의 그림은 그려볼 수 있었다. 함께 일하던 건축, 인테리어 디자이너 후배와 함께 우리 집의 밑그림을 그리기 시작했다. 작은 땅인데다 네모반듯하지도 않은 오각형의 땅을 가지고 이런저런 궁리를 시작했다.

그래, 넓게 쓰려면 땅 모양은 그대로 살려서 설계하자. 이것이 우리의 결론이었다.

기초 설계를 할 때부터 우리는 집을 지을 땅 근처에서 허름한 주택의 2층에 월세로 살았다. 건축비를 마련하려면 전세로 살 수가 없었다. 방 두 칸에 좁은 거실이 전부인 공간에서 내가 가장 처음 할애한 공간은 남편의 방이었다. 남편에게는 오디오와 음반 등을 수납하고 음악을 감상할 수 있는 오디오룸이 필수였다. 그리고 또 다른 취미인 사진 인화를 위한 암실이 필요했다. 우리는 거실 한 귀퉁이에 두꺼운 커튼을 쳐서 암실로 쓸 공간을 만들었다. 거실이라고 하기엔 너무 좁았지만 그곳에 14인치 옛날 텔레비전을 두었다. 신발장도 따로 없어서 현관 밖에 철제 선반을 달았다.

방 두 개 가운데 큰 방을 오디오룸으로 할애했기에 작은 방은 침실로 꾸며야 했다. 퀸 침대 하나 놓으면 딱 맞는 크기로, 붙박이장은커녕 베란다에 놓고 짐을 보관하는 플라스틱 옷장 두 개마저도 들어가지 않을 정도로 천장이 낮았다. 결국 마트에서 커튼이 달린 2단 행어를 구입해 임시로 입을 옷만 걸었다. 안 입는 계절의 옷은 시댁에 맡겨두고 계절이 바뀔 때마다 가져오기를 반복했다.

처음에는 10개월 정도만 살면 될 줄 알았지만 그곳에서 1년 5개월을 지내게 되었다. 처음 계획보다는 훨씬 길어졌지만 좁은 거실의 플라스틱 테이블 위에서 우리 가족은 즐거운 마음으로 드림 하우스가 완공될 그날을 기다렸다. 이런 어려움 없이는 새로운 집을 기대할 수 없다는 것을 너무나 잘 알고 있었기 때문이다.

드디어 기다린 지 3개월 만에 지방의 땅이 팔렸다. 땅이 팔리고 건축비가 어느 정도 마련되자 세부 설계가 시작됐다. 전반적인 건축의 밑그림은 후배와 우리 부부가 그렸지만 세부 설계는 건축사 사무실에 의뢰해야 했다. 설계하는 과정에서 가장 중요하게 생각한 부분은 출입구와 계단의 형태였다. 집은 땅의 모양을 살려 오각형으로 짓기로 했다. 설계도면에 오각형을 그려보니 가운데 작지만 중정이 있는 계단의 형태가 좋다는 결론이 내려졌다. 오각형 집의 형태에 삼각형의 계단실이 그려졌다.

다음은 창문이었다. 집의 형태를 만드는 골조 단계부터 창문의 위치와 크기가 정해져야 한다. 우리는 거실을 비롯한 다른 공간에 최대한 자연광을 즐길 수 있는 큰 창문을 설계에 반영시켰다. 비용 문제로 통창은 못했지만 커다랗고 높은 창들이 있는 집은 그 자체로도 너무나 멋있고 근사했다.

기다림 끝에 2011년 5월 말 설계도를 받았고 6월 7일 착공식을 했다. 말이야 거창한 착공식이지만 우리 가족과 사무실 직원, 동네 몇 분을 초대한 조촐한 자리였다. 드디어 굴착기의 첫 삽이 들리고, 천장이 높은 지하층을 만들기 위해 땅을 깊게 파기 시작했다. 그러고 나서 건물의 형태를 만들기 위한 거푸집이라는 것을 쌓기 시작했다.

철근과 목재가 쌓이고 레미콘과 포크레인이 왔다 갔다 하니 집을 짓고 있다는 실감이 났다. 공사는 순조롭게 이루어졌다. 그런데 공사를 시작한 지 두 달 정도 지나서 1층의 형태가 만들어질 즈음 100년 만의 폭우라 불렸던 엄청난 비 때문에 공사를 중단할 수밖에 없었다. 이 기간까지 합해 10월 말에 건물의 형태가 잡혔다. 드디어 갓 태어난 아기처럼 벌거벗은 외관이 완성됐다. 하지만 우리의 고민은 그때부터 시작됐다. 주변 사람들은 외관에 돌이라도 붙여야 한다며 굳이 안 해도 되는 조언들을 하기 시작했다.

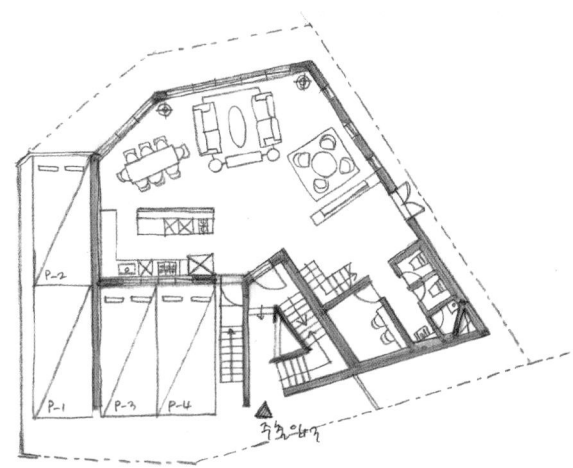

지상 1층 평면도
(스튜디오 공간)

지상 2층 평면도

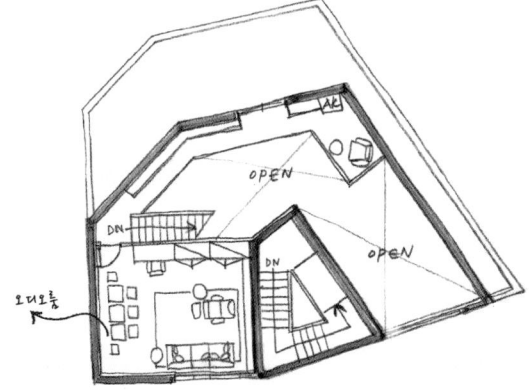

중층 평면도

1 지하 굴착 모습
2 지하층 골조 작업
3 지하층 지붕 완성, 1층 골조 작업
4 지하층, 1층 거푸집
5 2층 거푸집이 올라가는 모습
6 2층 거푸집 완성
7 거푸집을 모두 떼어낸 모습
8 1층 내부
9 옥상을 올라가는 복도와 계단
10 창호를 설치하고 옥상 난간 완성

* 거푸집 : 기둥, 바닥, 벽 등 만들 모양의 틀을 짠 후 콘크리트를 부어 넣고 굳으면 이 틀을 떼어내는데 이것을 거푸집이라고 한다.

8

7

9

10

나도 멋진 외관을 갖고 싶지만 건물의 토목과 골조로 더 이상의 비용은 쓸 수 없는 상황이었다. 우리가 들어와 살고 일도 하려면 실내에 꼭 필요한 것들이 있기 때문이었다. 집을 짓는 것이 내게는 큰 프로젝트이지만 우리 부부는 기본적으로 많은 욕심을 내지 않기로 처음부터 약속했다. 깔끔하게 마감된 노출 콘크리트가 좋지만 3천만 원 정도가 더 드는 일이므로 포기하고 대신 시멘트벽으로 마감했다. 외관에서 포기할 것은 과감히 포기하고 토목과 골조를 정해진 비용에서 무리하지 않는 선에서 마무리했다.

훗날 상황이 좋아지면 원하는 외관을 할 수 있도록 아무것도 하지 않은 채 두었다. 복도와 계단 등도 마찬가지로 아무 가공을 하지 않은 채 마감했다. 그 대신 단열이나 방수 등은 공을 많이 들였다. 지금 살아보니 우리의 생각이 옳았다는 결론이 났다. 30도 가까이 기온이 올라가도 에어컨을 틀지 않아도 될 정도로 시원해 무척 만족스럽다.

이제부터는 내가 직접 해야 하는 일이 시작되었다. 우리 사무실 직원들과 함께 실내 인테리어를 설계하고 시공을 시작했다. 설계는 우리가 직접 하지만 공사는 각각의 전문가에게 의뢰할 수밖에 없었다. 설비팀, 목수팀, 페인트팀, 전기팀에 잔일을 해주는 일용직까지 하루에 열 명에서 스무 명까지 일하는 현장에서 꼬박 두 달을 함께했다. 처음부터 예상하고 마련한 비용이 적당했다면 괜찮았겠지만 빠듯한 비용으로 최대한의 것들을 해결해야만 했다.

    그 당시 내가 할 수 있는 또 하나의 일은 현장을 떠나지 않고 지키면서 많은 부분에서 완성도 있는 결과를 얻어내는 것이었다. 멋진 선들이 보이는 공간이 우선이고 대신 군더더기가 없어야 하는데, 내가 자리를 비우면 이상한 결과물이 나오기 십상이었다. 그러면 뜯어고쳐야 하는데 그런 낭비를 하지 않으려면 작업 과정을 제대로 체크하는 것이 중요했다. 비용 때문에 뒤로 미룬 건물 외관에 비해 실내 인테리어는 주거와 작업 공간이 어우러지는 공간으로 꽤 완성도 있게 마감되었다.

    사람들이 우리 집에 오면 돈을 많이 썼을 거라고 생각한다. 물론 기본적인 비용은 들었지만 눈에 보이는 만큼 비싼 것으로만 해결하지는 않았다. 나는 사람들이 생각하는 것보다 훨씬 알뜰하고 쫀쫀한 편이다. 그런데 어떤 것도 완성하고 나면 비싸 보이게 하는 재주가 있나 보다.

집을 지으며 배운 것들

'집을 짓다니 무모한 시작이었구나.'

집을 짓고 나면 10년은 늙는다는 말을 자주 들었다. 집을 지어본 사람이나 주변 사람들이 하나같이 내게 이런 말을 했다. 물론 집을 지으면서 좋고 즐거운 일이 훨씬 많았지만 왜 사람들이 그런 말을 하는지 실감났다. 그런 일을 예상할 수 있다면 해결 방법을 생각해내고 처리하겠지만 전혀 예상치 못했거나 상상도 못할 성향의 사람들과 부딪치면 난감하기가 이루 말할 수 없다.

우리의 가장 큰 고민은 비용적인 문제로 훌륭한 건축가와 함께 일하기가 불가능했다는 것이다. 그렇다고 그 일을 후회하지는 않는다. 만약 그렇게 시작했다면 우리는 또 다른 경제적인 이유로 더 큰 어려움에 부닥쳤을 것이다. 같이 일하는 후배 두 명과 함께 기초 설계를 하고 진행하는 과정은 재미있고 순조로웠지만 준공을 받기 위한 설계와 토목, 골조 공사는 외주를 맡길 수밖에 없었다.

설계에 문제가 있어서 수정해야 하는 것 정도는 있을 수 있다. 하지만 생각지도 못한 민원이 생겼다. 여기저기 알아보니 우리에게 닥친 민원은 집을 짓게 되면 보통 발생하는 것이라는 의견이 대부분이었다. 그런데 문제는 사람이었다. 우리에게 민원을 제기한 사람은 그동안 과천시를 상대로 자신의 땅을 수용해갈 것을 요구하며 수년을 싸워온 사람이었다.

전문가들이 땅을 사면 그런 것까지 알 수 있을까? 아니면 그 땅을 우리에게 권한 부동산 사장을 탓해야 할까? 그런데 그런 사안이 아니었다. 보통 개인 소유의 땅이라도 현황도로일 경우는 어려움이 있을 수 있지만 대부분 타협하고 공사를 진행하는 것이 통상적이라고 했다. 하지만 우리 집 앞 도로의 주인은 집이 거의 지어갈 즈음 꼭 필요한 도시가스와 상하수도 공사를 못하게 막는 것으로 자신의 땅을 과천시에서 수용해가라며 항의했다. 우리에게도 집에 들어가 살고 싶으면 과천시를 상대로 투쟁하기를 요구했다.

그 문제를 풀기 위해 주변 주민들의 동의를 받은 청원서를 가지고 시청 공무원을 함께 만나 최대한 빠른 시간 안에 땅을 수용하도록 노력하겠다는 대답을 듣게 해주었음에도 상대는 막무가내였다. 그러는 사이 도로 주인은 자신의 소유로 되어 있는 곳에 빗물이 잘 내려가는 트렌치를 설치하라, 길이 고르게 콘크리트를 쳐라 등 많은 요구를 했다. 그런 요구를 들어주면 공사를 승낙할까 싶어 거금을 들여 공사를 할 수밖에 없었다.

그러기를 3개월, 집은 지어졌는데 도시가스와 상하수도 공사를 못하니 준공이라는 것을 받을 수 없었다. 집 앞 도로의 주인이 요구하는 대로 했지만, 들어주는 척하며 자신의 이익만 챙겼을 뿐 공사를 하게 하지 않았다. 준공을 받지 못하면 입주가 불가능한 막막한 하루하루를 보내야 했다. 도시가스와 상하수도 공사는 도로 주인의 동의가 있어야만 가능하다. 그러는 와중에 이 상황을 책임져야 할 설계사무소는 아무 대책이 없고, 우리에게 도움을 주고자 하는 담당 공무원들도 막무가내인 도로 주인에게는 속수무책이었다.

그런 부분은 시에서 해결해줘야 할 것 같은데 법적으로도 민원인들끼리 해결하라며 아무 대책이 없었다. 친하게 지내는 후배 변호사, 건설업에 종사하는 친구, 선후배를 모두 만나 의논해봐도 우리가 해결할 수 있는 사안은 아니었다. 주변에서는 도로 주인을 무시하고 무조건 땅을 파고 공사를 하라고 했지만, 그렇게 할 수 있는 용기가 없었다.

결국 과천시에서 도로를 수용할 때까지 보증금 1천만 원에 도로 사용료 50만 원씩을 매월 내기로 하고 준공을 받았다. 하지만 도시가스나 상하수도 공사를 못하게 해서 임시로 LPG 가스를 설치하고, 상하수도는 메인 선에서 공사를 못하고 바로 아랫집에 양해를 얻어 가느다란 선에서 따올 수밖에 없었다. 그 가느다란 선을 잇는 것도 쉬운 일은 아니었지만 가까스로 상하수도는 해결되었다. 지금도 우리는 도시가스 대신 LPG 가스를 쓸 수밖에 없고 가는 선에서 따온 수도는 물살이 약해 답답하다. 하지만 준공을 못 받아 살지 못하는 것보다는 이렇게라도 살 수 있다는 게 얼마나 다행인지 모른다.

나는 지금까지 드라마 속 악역을 볼 때면 저렇게까지 나쁜 사람이 있을까 하는 생각을 해왔다. 그런데 집이라는 것을 짓다 보니 정말 그런 사람들이 있었다. 그래도 만사가 좋을 수만은 없다는 것을 받아들이고 나니 마음이 훨씬 편해졌다. 화내고 원망해도 소용없다는 것 정도는 알고 있었지만, 하루빨리 과천시에서 우리 집 앞의 땅을 수용하기를 간절히 바랄 뿐이다.

또 다른 사건도 있었다. 자신의 집 소나무의 가지를 우리 공사차가 지나다니다가 부러뜨렸다며 민원을 넣겠다는 항의, 공사장 옆의 비닐하우스가 피해를 입었다며 돈을 요구하는 일 등 그야말로 많은 것을 돈으로 해결해야 했다. 하지만 도로 문제가 워낙 크니 이런 일쯤은 아무것도 아닌 것처럼 느껴졌다.

우리 집의 바로 옆 건물에는 어린이집이 있는데 공사가 아이들에게 피해를 준다며 학부모들이 항의할 태세였다. 나도 아이를 키워본 입장에서 부모들의 마음은 충분히 이해됐다. 우리는 그들에게 스튜디오가 지어지면 모두 가족사진을 찍어주겠다는 약속을 했고 어린이집과는 돈독한 관계를 맺으며 공사를 계속할 수 있었다. 집이 완공되고 이틀에 걸쳐 40명의 어린이 가족사진을 찍어 액자와 데이터를 선물하는 것으로 약속을 이행했다.

지나고 나면 자잘한 어려움은 잊혀지게 마련이다. 많은 분이 우리 집이 완성되기까지 함께 고민하고 도와주었으며 열심히 일해준 분들을 생각하면 미소가 지어지기도 한다.

나는 집을 지었다고 10년은 더 늙었다고 생각하지는 않는다. 단지 좀 더 철저히 알아보고 조사하고 시작했으면 좋았을 텐데 하는 반성을 해볼 뿐이다. 다음에 집을 지을 때는 사전에 철저한 조사를 통해 보다 체계적으로 진행할 수 있을 것 같은 자신감을 얻은 소중한 시간이었다.

PART 2
아름다운 우리 집

집의 토목과 골조가 진행되는 동안 나는 어떤 스타일로 인테리어 디자인을 할 것인지 거듭 고민했다.

가장 먼저 우리는 집에서 무엇을 하고 싶은지, 어떤 모습으로 살고 싶은지 생각했다. 그리고 그 안에 공간 배치를 어떻게 할 것인지 수도 없이 도면을 놓고 선을 그어댔다. 전반적인 집 안 분위기를 정하는 것은 공간 디자이너로 일해온 내가 잘할 수 있는 일이었다. 공간을 배치할 때는 정해진 모양과 크기 안에서 각각의 가족 구성원이 원하는 것을 반영해야 한다. 공간을 나누며 배치하는 일은 이 집의 주인인 우리 가족이 마음 가는 대로 할 수 있는 재미있는 과정이었다.

유학 중인 아들은 어쩔 수 없이 빼고 남편과 나는 서로의 의견을 바탕으로 자유롭게 다양한 그림을 그려보았다. 그러기를 수차례, 큰 집이 아니라도 갖고 싶은 높은 천장, 넓은 거실, 계단과 난간, 길게 책이 꽂혀 있는 서가, 주방과 분리되는 멋진 다이닝, 카페 같은 아일랜드 식탁, 창밖이 보이는 바, 주변의 자연을 맘껏 누릴 수 있는 정원과 테라스…. 이 모든 것들이 우리의 도면에 앉혀졌다.

    제한된 공간 안에 크고 작은 다양한 공간을 넣으려니 많은 시행착오를 겪을 수밖에 없었고, 그건 당연한 일이었다. 우리 집은 넓다. 우리 집에 온 사람들은 모두가 땅에 비해 집이 많이 넓다고 한다. 그건 거실이 넓기 때문이다. 그 대신 작은 것이 많다. 우선 주방이 작고, 우리 부부의 침실이 작고, 그에 딸린 드레스룸도 작고, 당연히 메인 욕실도 작다. 유학과 군대 때문에 거의 비어 있지만 아들의 방도 작고 그의 옷장도, 욕실도 작은 것투성이다.

    하지만 우리 가족 중 누구도 자신의 방이, 공간이 좁다고 불평하지 않는다. 우리가 원하던 넓은 거실을 가졌기 때문이다.

공간 배치와 함께 중요한 것은 바닥과 벽 등의 색상을 정하는 것이었다. 품격이 있으면서 심플하고 아름답게 조화로운 우리 집만의 컬러를 정해야 했다. 하얀 벽을 기본으로 튀지 않는 두 가지 색을 매치했으며, 자재도 최소한으로 단순화시켰다. 인테리어가 끝나고 나서도 나는 멋지게 데커레이션을 할 준비를 하고 있었기 때문이다. 인테리어를 과하게 하면 가구나 커튼, 소품 등으로 데커레이션을 하는 데 제약이 많을 수밖에 없다.

어떤 집에서 살고 싶은가? 정해져 있는 공간 안에서 누리고 싶은 호사스러움을 최대한 원하는 만큼 그려보자. 우리는 오랫동안 꿈꾸어왔던 공간을 만들어내기 위해 수없이 그린 그림을 정리해서 양보도 하고 포기도 하고 과감한 시도도 하면서 마침내 원하는 공간을 이루어냈다.

거실 분위기가 집을 결정한다

'거실에서 무엇을 하면 좋을지 생각해보자.'
언제나처럼 우리의 생각은 이렇게 시작되었다.
아직은 일이 우선이었다. 우리가 여유로운 중년을 보내기 위해서만 집짓기 프로젝트를 시작한 게 아니라는 것을 항상 염두에 두었다. 지금 완성된 거실은 불가피하게 크게 한 번 수정을 해야만 했다. 맨 처음 계획은 렌털 스튜디오가 1층이었다. 1층은 살림집이 아니니 전체를 벽이 없는 넓은 거실 공간으로 만들기로 했다. 그런데 작업을 하다 보니 1층 전면 창밖으로 옆집의 돌 건물 일부가 보이고 가장 중요한 전망이 보여야 할 곳에 비닐하우스가 세워졌다. 비닐하우스가 있으니 그 주변 자연이 보기 좋을 리 없었다.
전망이 좋은 넓은 거실이 없어져버린 것이다. 처음 2층 살림집은 적당한 사이즈의 거실에 작은 주방과 크고 천장이 높은 오디오룸으로 계획되어 있었다. 그런데 1층의 전망이

사라져버리니, 2층 살림집의 거실도 작업을 위한 공간으로 써야 한다는 결론이 내려졌다. 많은 고민 끝에 남편으로서는 너무도 중요한 오디오룸을 양보해야 하는 상황이 되고 말았다. 주방을 처음 오디오룸으로 예정했던 곳으로, 아들 방을 다른 쪽으로 옮기고 나서야 넓고 전망이 좋은 렌털 스튜디오를 충족할 만한 배치로 수정되었다. 생활의 불편함과 오디오룸의 천장이 낮아져서 음악 소리가 충족되지 않는 것을 감수하더라도 어쩔 수 없는 결정이었다.

이렇게 자리 잡은 거실은 훨씬 넓고 탁 트인 앞뒤 전망을 가진 멋진 공간으로 탈바꿈했다. 앞으로는 바로 붙어 있는 앞동산이 마치 정원 같았고 반대쪽 창으로는 멀리 나무와 하늘이 함께 보이고, 중층 위의 창으로는 푸른 하늘이 한눈에 들어왔다. 크지 않은 땅에 최대한의 면적을 쓰기 위해 설계된 중층으로 거실의 한쪽에는 낮은 천장이 생겼고 오각형 건물의 선과 중층의 선들이 만들어져 드라마틱한 공간으로 완성되었다.

이제 거실에서 하고 싶은 것에 대해 고민할 차례가 되었다. 거실은 우리가 집에 머무르는 동안 잠자기 위해 침실로 가거나 각자의 공간에서 자신만의 시간을 가질 때를 제외하고 많은 시간을 보내는 곳이다. 또한 가족뿐만 아니라 격의 없이 찾아오는 손님들이 자주 모이는 곳이기도 하다. 우리

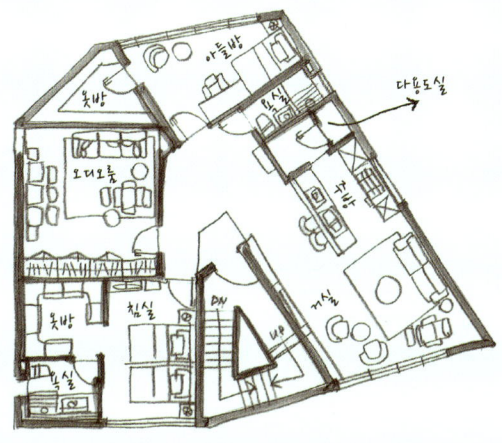

거실과 주방의 원래 배치(Before)와 중간에 바꾼 배치(After)

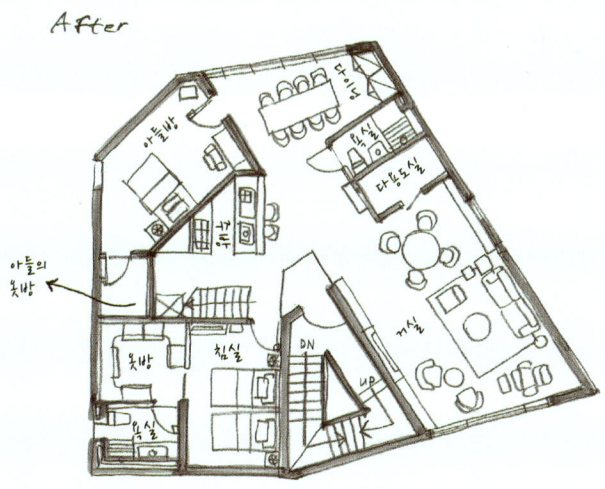

가족은 거실에서 편하게 이야기하고, 좋아하는 영화를 감상하고, 스포츠 경기를 보기도 한다. 일상에서의 소소한 이야기를 나누며 식사와 함께 술을 한잔하기도 한다.

아이의 성장기에 거실에서 없었던 텔레비전이 이제는 꼭 필요한 상황이 되었다. 그런데 텔레비전을 평범하게 벽에 걸거나 거실장 위에 놓을 수는 없었다. 과감한 디자인을 시도해보고 싶었고 또 렌털 스튜디오로 촬영할 때 텔레비전이 방해가 될 수도 있다는 점을 고려해야 했다. 텔레비전이 거실에 있어야 하지만, 때로는 거실에서 보이지 않아야 하는 이 두 가지 상황을 충족시켜야 했다.

일단 거실의 한쪽에 낮은 천장이 생기는 것을 원하지는 않았지만 기왕 생길 수밖에 없다면 그 특징을 살려 소파를 놓으면 오히려 아늑해질 것 같았다. 그리고 반대쪽으로 시원하게 넓고 높은 벽이 있으니 이 벽을 이용하기로 했다. 대부분 넓고 높은 벽을 그냥 두고 낮은 장 위에 텔레비전을 놓거나 벽걸이로 걸지만 그 정도로는 만족할 수 없었다. 나는 이 벽에 야심찬 디자인을 시도하기로 했다. 예전에 부티크 호텔이나 인테리어 책에서 보았던 멋진 벽을 상상해보았다.

높은 벽면을 이용한 이미지 월에 텔레비전을 보기 좋게 넣었다. 그리고 모든 전자제품과 전기선을 촬영 때 방해되지 않도록 수납장 안에 넣었다. 텔레비전이 벽 속으로 딱 맞게

들어가니 보기에 나쁘지 않았지만 촬영 때는 벽이 흰색이어야 하기에 그 사이즈에 맞는 사각 판을 짜서 세워두었다. 언제라도 손쉽게 텔레비전이 사라지고 흰 벽이 되는 것이다.

그런 거실 분위기를 좌우하는 것은 가구 배치다. 우리는 거실에 소파와 티테이블, 콘솔과 장식장 정도의 일반적인 가구를 일률적으로 배치하지 않기로 했다. 내게는 편안하면서 개성 있는 멋진 스타일의 거실을 꾸밀 수 있는 수많은 아이디어가 있었다. 무엇보다 편한 소파와 다양한 스타일의 의자, 서로 다른 크기와 디자인이 다른 테이블을 놓아 많은 사람이 둘러앉을 수 있는 멋진 곳이어야 했다.

작지 않은 거실을 넓게 보이고 싶다며 소파 또는 티테이블을 없애는 경우를 종종 봤다. 소파의 자리를 제대로 잡지 않고 빽빽하게 붙여놓아 가운데가 휑하면 넓다고 생각하는 것 같다. 공간이 좁다고 2~3인용 소파 하나만 덩그러니 놓으면 소파를 두고도 다들 바닥에 앉아야 하고, 소파를 없애고 바닥에 쿠션 형태의 방석과 등받이를 놓으면 편할 것 같지만 막상 앉아서 기대려면 밀려다녀 불편하다.

또한 좁다고 티테이블을 없애면 소파에 앉아도 찻잔을 바닥에 두어야 한다. 툭 건드려 쏟아질까 걱정이 되기도 하고 바닥에 놓인 찻잔이 보기 좋을 리도 없다. 우리가 그동안 익숙하게 보아왔던 가구나 공간 배치가 때로는 쾌적한 환경을 방해할 수도 있다는 것을 말하고 싶은 거다. 때로는 발상의 전환을 통해 새로운 시도를 해보는 것도 나쁘지 않다는 말이다.

여행을 다니며 방문했던 외국 친구들의 아파트도 그리 넓지는 않았다. 하지만 그들은 알차게 가구를 배치해 작은 거실이지만 가족뿐 아니라 많은 친구들이 다 같이 모여 즐길 수 있었다. 누구는 소파에, 누구는 바닥에 앉는 일 없이 같은 눈높이에서 여러 명이 앉아 즐거운 대화를 나눌 수 있었다.

가구 선정과 배치를 하면서 고민했던 부분은 '현재 가지고 있는 것을 어느 정도 활용할 수 있을까?' 하는 것이었다. 가지고 있는 가구 중에서 같은 용도로 계속 쓸 것(티테이블, 사이드 테이블 등)과 계속 쓰지만 다른 공간으로 옮겨야 할 것으로 구분했다. 이사 오기 전까지 오랫동안 거실에서 사용했던 가죽 소파는 새로운 오디오룸에 두기로 했다. 오디오룸에 편한 소파가 필요했고 오랜 시간 세월의 흔적을 멋지게 보여주는 낡은 블랙 가죽 소파가 오디오룸에 잘 어울렸기 때문이다. 새로운 거실에 마련한 소파는 컨템퍼러리 모던 스타일로 부드러운 분위기의 패브릭 소재가 어떨까 하는 생각을 했다.

소파 세트 앞에는 영화나 호텔에서 볼 수 있는 커다란 둥근 테이블을 과감하게 놓았다. 거실의 소파에서는 앉거나 눕기도 하면서 편안한 시간을 보낼 수 있으며, 둥근 테이블과 회전 팔걸이 의자에서는 사람들이 둘러앉아 다과를 즐기거나 때로는 작업도 할 수 있다.

어느 정도 비용을 지불해야 하는 가구는 오래 써도 싫증나지 않는 기본 색상으로 선정했다. 하지만 그런 베이식한 컬러만으로 큰 공간을 채우면 단조로워 보일 수 있기에 안락의자와 카펫은 과감한 시도를 했다. 소파 옆의 에그체어는 등판에 송치(송아지가죽)를 덧댄 것을 골랐으며 소파 옆의 둥근 테이블 바닥에도 과감하게 송치 무늬 카펫을 깔아 변화를 주었다. 거실에 멋진 샹들리에를 걸까도 생각했지만 창밖의 경치를 보는 데 방해가 될 수 있다는 생각에 포기했다. 대신 샹들리에 무늬가 과감히 들어간 카펫을 거실 중앙에 두어 리드미컬한 변화를 가져왔다.

이제 조명 차례다. 전체적인 밝기를 위해 천장에 매입하는 할로겐을 계획했으며, 간접조명으로 다양한 디자인의 조명을 요소요소에 배치했다. 멋진 이미지 월에는 그에 어울리는 촛불 모양의 조명을 주문해서 페치카처럼 연출하고 소파나 테이블 옆 등에 장식적인 기능도 겸하고 필요할 때는 켤 수 있는 디자인으로 포인트를 주었다. 어떤 조명을 켜느냐에

따라 거실은 다양한 분위기로 우리에게 기쁨을 선사한다.
　많은 생각과 함께 크고 작은 새로운 시도 끝에 우리가 꿈꾸었던 거실의 모습이 완성되었다. 우리 마음대로 새로운 그림을 그릴 수 있었기에 가능한 일이었다. 이곳에서 우리는 생활의 즐거움을 만끽하고 있다.

부부 침실, 나이 들수록 로맨틱하게

　나의 개념으로 침실은 잠을 자는 곳이다. 잠자는 것 말고는 침실에 머무르는 경우가 거의 없다. 옷이 많지도 않고, 입지 않는 옷은 가지고 있지 않으니 드레스룸 또한 작아도 좋다. 보통 침실에 함께 놓는 화장대도 나에겐 필요하지 않다. 그러니 우리의 침실이 커야 할 이유가 없었다.
　나는 작지만 로맨틱한 침실로 꾸미고 싶었다. 일단 우리 집에서 천장이 낮은 쪽을 침실로 자리 잡았다. 한쪽은 전면 창을 냈고 창밖에는 바로 동산이 보인다. 모던하지만 로맨틱한 분위기로 만들기 위해 따뜻한 느낌을 주는 색상의 리넨으로 침구와 커튼을 준비했다.
　우리 부부는 합의하에 슈퍼싱글 침대 두 개를 나란히 놓기로 했다. 좀 더 편하게 자고 싶다는 생각에서였다. 사실 오랫동안 두 개의 침대가 나란히 있는 침실을 갖고 싶었다. 싱글 침대 두 개가 놓인 침실에 대한 사람들의 반응은 제각각이었다. 여자들은 대부분 환영했으며 남자들은 대개 고개를 갸우뚱거렸다.

　우리는 술을 마시면 둘 다 코를 곤다. 코를 고는 것을 탓할 수는 없지만 내가 좀 더 늦게 잠을 자기 때문에 가끔 불편해서 거실 소파에서 자는 경우도 있다. 남편은 아침에 깨면 나한테 미안해하지만 그건 미안해할 일도, 내가 짜증을 낼 일도 아니다. 코를 고는 것은 창피하거나 상대에게 화를 낼 일이 아니며 나도 그럴 때가 있기 때문이다. 싱글 침대를 각자 쓰는 것은 편안한 잠자리는 물론 서로에게 피해를 주지 않을 수 있어서 나는 만족한다.

　두 개의 침대 위로는 크리스털 샹들리에를 달았다. 이 심플하고 모던한 샹들리에는 지난번 아파트의 식탁 위에 있던 것으로, 침실에 자리를 잡으니 또 다른 아름다운 모습을 보여준다. 나란히 놓여 있는 침대 옆에 스탠드 램프를 하나씩 두었는데 조명은 침실의 분위기를 좌우하는 중요한 소품이다. 백색의 부드러운 이불 사이로 눈을 뜨면 아스라이 햇살을 맞아주는 커튼과 함께 새소리가 들려온다. 더없이 로맨틱한 우리 부부의 침실이다.

　침실과 여닫이문 사이에는 드레스룸을 만들었다. 작은 침실처럼 드레스룸도 아주 작다. 계절이 다른 옷은 다른 곳에 보관해야 할 정도다. 나 혼자 편하게 쓰는 곳이니 좀 더 편

리하게 쓰기 위해 문짝을 달지 않았다. 그런데 우리 집은 손님이 많이 오고, 오는 사람들마다 집을 둘러보는 것이 당연한 코스였기에 옷장의 문이 없는 것이 신경 쓰였다. 아이템별로 분리해서 정갈하게 수납되어 혼자 쓸 때는 아무렇지 않았는데, 옷과 액세서리가 아무리 잘 정리되어 있어도 남들에게 보여주고 싶은 모습은 아니었다.

급기야 거래처에 부탁해서 커튼 속지로 옷장을 가리는 커튼을 만들었고, 벨크로테이프를 임시로 달았다. 손님이 올 때만 가릴 생각이었지만 어설픈 듯 급하게 맞춘 아이보리 커튼이 예상 외로 깔끔하게 보여 그대로 쓰기로 했다. 게다가 옷장에 먼지가 앉지 않아 일석이조의 효과도 누리고 있다.

아들은 부재중

우리 집은 하나뿐인 아들의 방도 크지 않다. 5년 전 고등학교 때 유학을 갔고, 지금은 군대에 있으며 제대하더라도 2년 이상은 다시 유학을 가야 하니 최소한 10년 정도는 가끔만 쓰는 빈 방이나 다름없다. 굳이 커야 할 이유가 없는 부부 침실처럼 아들의 방 역시 작다. 아들도 그런 공간 배치에 전적으로 동의하거니와 가끔 머무는 집이지만 우리 집에 대한 자부심이 대단하다.

하지만 나는 아이의 방이 비어 있다고 해서 짐을 넣어두는 창고처럼 쓰지는 않는다. 지금까지 우리 부부와 가족들에게 행복한 시간과 자랑스러운 마음을 갖게 해주었고, 이제는 성장하여 든든한 버팀목이 되어주는 아이의 방을 그렇게 방치할 수는 없었다. 가끔 머무는 방이지만 아이가 늘 지내는 것처럼 방을 유지하고 있다. 이제는 성인이 되었으니 침대도 큰 것으로 바꾸고, 침구도 정갈하게 정리해놓고 가끔

왔을 때 방에서 음악도 들을 수 있도록 작은 라디오도 놓았으며 좋아하는 전자기타도 한쪽에 잘 세워두었다.

아이가 유학 가고 나서 얼마 안 있어 작은 집으로 옮겨야 하는 상황이 되었을 때 우리는 아이가 쓰던 가구를 친구의 아이에게 보냈다. 새로운 집으로 들어갈 때는 아들이 성인으로 성장할 테니 그 나이에 맞는 것으로 장만하는 것이 당연하다. 나는 아이가 어렸을 때에도 너무 유아스러운 가구를 선택하지 않았다. 남자아이는 블루, 여자아이는 핑크인 것도 내키지 않았다. 현대사회는 다양한 분야에서 감각 혹은 디자인이 중요한 시대가 되었으니, 미적 감각에서 남녀 차이를 둘 필요가 없다.

그래서 아이의 방을 꾸밀 때도 내추럴한 컬러를 기본으로 사용했다. 당연히 벽지는 형광빛이 돌지 않는 편안한 화이트로 결정했다. 책상을 고르면서 아이가 선택한 블루 컬러를 쓰기도 했지만, 블루 컬러를 강조하지는 않았다. 생각해보면 그런 취향은 방 꾸미는 것뿐만 아니라 아이의 옷을 입힐 때도 마찬가지였다. 아이는 대학생이 되기 전부터 패션 감각이 꽤 있어 함께 쇼핑을 가면 마음이 잘 맞기도 하고, 엄마인 나에게 전적으로 맡기기도 했다.

아이는 인생 최고의 선물이며 자라면서는 좋은 친구가 되기도 한다. 그러니 아이를 위해 뭐든 해주고 싶은 것이 부

모의 마음이다. 경제적으로 아주 넉넉해서 자주 가구를 바꿔줄 수 있으면 모를까, 아이가 자라서 유치원에 가면 유아 때 샀던 귀엽고 자그마한 가구를 후회하는 엄마들이 많다. 아이는 생각보다 빨리 자란다. 아이의 옷은 컸을 때도 입힌다며 큰 사이즈를 사면서 좀 더 길게 생각해야 하는 가구는 그런 생각 없이 구입하는 사람도 보았다. 옷은 오히려 딱 맞는 사이즈를 사서 예쁘게 입히고, 가구는 조금 더 긴 안목으로 구입하면 좋겠다.

가구가 유아스럽지 않아도 아이의 연령에 맞는 분위기를 연출할 수 있는 방법은 얼마든지 있다. 침대 이불이나 잠옷을 유행하는 캐릭터로 할 수도 있고, 쿠션이나 러그 등을 아이가 좋아하는 것으로 매치할 수도 있다. 그런 것들이야말로 아이의 성장에 맞춰 그 연령대에 맞는 것으로 바꿔주기가 수월하다.

이사 오기 전 아파트에서 아들 방을 꾸미면서 신경 썼던 부분은 책상의 방향이었다. 아파트의 아이 방은 지금 집보다 컸기 때문에 책상을 굳이 벽 쪽으로 놓지 않아도 됐었다. 책장을 벽 쪽으로 두고 책상을 문 쪽으로 배치해서 어른의 서재 같은 분위기를 연출했다. 그렇게 정하기 전에 인테리어 화보에서 책상 배치가 문 쪽으로 향한 멋진 서재 사진을 보여주고 아이의 동의를 구한 것은 당연한 절차였다. 대수롭지 않지만 아이가 공부를 할 때 시야가 확 트인 자리에 앉아서 하면 좋겠다는 것이 나의 생각이었다.

이번 집에서 아들 방은 그런 배치를 할 수 없을 만큼 작다. 아이가 여기서 살고 공부한다면 또 다른 해결책을 고민했겠지만, 앞으로 4~5년은 이 집에 머물지 않는다는 것을 감안한 공간 분할이었다. 게다가 아이는 아빠와 똑같은 취미를 가졌기에 오디오룸도 자신의 공간일 수 있었다. 비록 크기는 작지만 성인이 된 아이가 가끔이라도 머무는 방에는 제법 큰 사이즈의 침대를 놓았다. 그리고 코너의 자투리 공간을 이용해 옷방을 만들고 문 쪽 코너에 작은 책상과 책꽂이를 짜 넣었다. 작은 공간이지만 꼭 필요한 것이 마련된 아들의 방을 바라보고 있으면 왠지 흐뭇하다.

집을 완공하고 한 달여 만에 첫 휴가를 나온 아들은 저녁 때 친구 둘을 데려왔다. 그리고 새로 꾸민 자신의 방이 아닌 오디오룸에서 친구들과 새벽까지 맥주를 마시며 음악을 듣다가 그곳에서 모두 잠이 들었다. 이런 모습이 웃음과 사랑이 흐르는 행복한 사람이 사는 집일 게다.

취미는 공유, 공간은 독립

우리 세 가족은 모두 음악, 영화, 운동을 좋아하고 다 같이 모이면 어떤 음식이라도 술 한잔을 곁들인다. 남편과 아들은 음악을 좀 더 좋아하고 나는 영화를 더 좋아하는 정도의 차이는 있지만 대체로 집에서의 생활 자체가 그렇다.

아이가 아주 어렸을 적부터 남편은 음악으로 아이에게 많은 영향을 주었으며, 일요일에 청소기라도 돌려야 할 때는 비틀즈의 신나는 곡을 크게 틀어놓곤 했다. 남편은 흑백사진을 찍고 직접 현상과 인화하는 취미생활을 결혼 이후 지금까지도 계속해오고 있다. 그래서 우리 집 벽은 남편의 작품을 전시한 우리 가족의 갤러리다.

그리고 아이의 취미가 전자기타를 치는 것이니 그걸 할 수 있게 해주었다. 우리 집에는 그런 공간들이 있다. 우리가 좋아하는 것을 할 수 있는 문화를 즐길 수 있는 공간 말이다.

남편을 위한 남편에 의한 오디오룸

　나의 남편은 음악과 사진 등 예술적인 것을 좋아하지만 엔지니어로 25년 동안 일해왔다. 예술적 취향을 지닌 평범한 샐러리맨인 남편이 집에서라도 취미생활을 할 수 있게 해주는 건 당연했다. 그래서 우리 집은 오디오룸이 중요했고, 아무리 작은 공간이라도 현상과 인화를 위한 암실을 반드시 만들었다.

　각 가정마다 자신들만의 상황적 특징이 있을 것이다. 그런데 우리나라의 집에는 아쉽게도 남편이자 아버지만의 공간이 없는 것이 사실이다. 집이 좁아서라고 말하지만 내가 보기에는 꼭 그런 것 같지는 않다. 남편이자 아버지인 가장에게도 자신만의 공간이 필요하다는 사실을 크게 인식하지 않는 것이다. 지금까지의 고정관념대로 가장 큰 방은 잠만 자는 부부 침실로, 그다음은 아이 방으로 정한다. 방이 하나 정도 여유 있으면 컴퓨터방이나 서재를 만들지만 실제로는 사용하지 않고 짐이나 쌓아두는 곳이 되고 만다.

　이번 집에서는 남편이 원하는 커다란 오디오룸을 만들어주고 싶었지만 렌털 스튜디오 일을 하는 것이 중요한 사안인 만큼 거실을 크게 할애할 수밖에 없었다. 따라서 지난번처럼 이 집에서도 오디오룸을 천장이 낮은 곳에 배치할 수밖에 없었다. 하지만 정해진 공간에서 자신이 원하는 것을 할

수 있도록 남편에게 전권을 주었다.

준공을 끝내고 인테리어 공사를 진행할 때의 일이다. 나는 개인 사무실을 운영하고 있으니 시간이 자유로웠고 하는 일이 인테리어 디자인이나 데커레이션 등 공간을 꾸미는 일이었으니 집짓는 모든 과정을 총괄했다. 남편과는 주로 퇴근해서나 휴일에 의논하곤 했다. 하지만 남편에게 정말 중요한 오디오룸은 내가 전문적으로 알지도 못하거니와 본인이 원하는 것이 나로서는 잘 이해되지 않았다.

남편은 오디오룸을 작업하는 동안 점심시간에 틈을 내거나 출근 전후에 들러 작업 지시를 하곤 했다. 바깥주인이 왔다 갔다 하니 때로 목공 사장님이 오디오룸이 아닌 다른 공간에 대해 질문하면 남편은 으레 "그건 권은순한테 물어보세요"라고 말했고, 오로지 오디오룸에만 신경을 쏟았다.

그러던 중 우리 집 작업에 애쓴 분들을 초대해 식사와 술 한잔을 나누게 되었다. 그때 목공 사장님이 "우리는 한동안 권 대표님이 최 사장님 세컨드인 줄 알았어요" 하고 말하는 것이 아닌가. 다른 곳은 다 권은순한테 물어보라고 하고 오로지 오디오룸에만 신경 쓰는 것을 보고, 세컨드에게 집 하나 지어주고 가끔 이 집에 들르는 사람인 줄 알았다는 것이었다. 그 말에 내가 "나를 그렇게 능력 있는 사람으로 봐주어서 고맙네요"라며 한참을 웃었다.

남편은 오디오룸에 대해서만큼은 심할 정도로 애착이 강하다. 결혼해서 항상 좋은 환경에서 지냈던 것이 아니었으며 때로는 다음의 집을 위해, 때로는 피치 못할 사정으로 열악한 곳에서 살기도 했다. 하지만 어떠한 상황에서도 불편을 감수하고 소리가 좋은 음악을 듣는 것을 포기한 적이 없었다. 더구나 좋은 음악을 선곡해 들려주기 때문에 나 또한 어떤 상황에서도 남편이 오디오와 음악에 애착을 갖는 것을 당연하게 생각하고 전격 지원했다.

남편은 이틀에 하나 꼴로 CD를 사가지고 들어왔는데, 성실히 일하고 다른 것에는 알뜰한 그의 한 가지 사치를 말릴 수는 없었다. 천장이 낮다는 아쉬움은 있지만 지금까지 가졌던 오디오룸 중에서는 가장 크고, 완벽한 음향을 위해 원하는 자재를 맘껏 사용해 완성한 곳에서 남편은 행복한 시간을 보내고 있다.

가족 모두의 서가

이 집으로 이사 오기 전까지 우리 집의 책은 세 군데에 나뉘어 있었다. 아이의 참고서와 청소년 필독도서 같은 책들은 아이의 방에, 인테리어나 디자인 관련 서적이나 각종 잡지는 내 공간에, 책을 좋아해서 사들인 다양한 남편의 교양서는 오디오룸의 책장에 수납했다. 그때도 그리 불편하지는 않았지만 오디오룸을 꾸미면서 남편이 바라는 공간이 되려면 책을 그 안에 넣을 수가 없었다.

나는 공간을 분할하면서 중층의 복도 한쪽에 서가가 들어가는 모습을 상상해보았다. 영화에서처럼 사다리까지 설치한 멋진 서가는 아니지만 중층 복도의 서가는 상상만 해도 멋진 모습이었다. 복도의 폭만 사람들이 다니는 데 불편하지 않으면 되었다. 멋진 서가라고 비싼 목재를 쓸 수는 없었다. 기본만 해도 많은 비용이 소요되기에 가능한 한 적은 비용으로 원하는 책장을 맞춰야 했다.

나는 부엌의 시스템 가구를 짜는 업체에 주방과 옷장 등 붙박이장을 주문하는 과정에서 같은 재질로 책장을 주문했다. 따라서 복도에 딱 맞는 사이즈의 책장을 저렴하게 맞출 수 있었다. 그리고 책장의 맨 끝 쪽에 에어컨이 들어가는 공간을 따로 만들었다. 에어컨을 설치하고 나서는 갤러리 창호를 주문하여 에어컨을 가리고 에어컨을 틀 때만 갤러리 창

을 열어두기로 했다. 아무래도 보기에 별로인 에어컨을 감추는 수납을 하고 나니 만족스러웠다.

이제 아이도 대학생이 되었고, 우리와 함께 보는 책이 대부분이니 모든 책이 한 곳에 꽂혀 있어 편리하다. 복도 끝의 작은 공간에는 테이블과 의자 두 개를 배치하여 조용히 앉아 아래층까지 시원하게 트인 높은 천장과 창밖의 나무를 바라보며 책을 볼 수 있는 공간으로 만들었다. 넓은 집에 있는 멋진 서가가 항상 부러움의 대상이었는데, 이 집 정도의 공간에서 이러한 서가를 갖게 되었으니 더 이상 바랄 게 없다.

거실을 극장처럼, 거실 시네마

나는 지금까지 좋았던 영화나 드라마 CD를 모두 모아왔다. 영국 BBC에서 만든 제인 오스틴 시리즈는 모두 가지고 있으며, 제인 오스틴이라면 영화로 새로 만들어진 것도 모두 갖고 있다. 〈섹스 앤 더 시티〉의 18장 시리즈를 비롯해 엄청난 양을 모아왔다. 남편 또한 아들과 자신이 좋아하는 영화와 음악 DVD를 열심히 모으고 있다.

우리는 함께 또는 따로 영화 보기를 즐긴다. 그런데 남편의 오디오룸은 영화를 보는 AV 시스템이 들어가기에는 공간이 작다고 했다. 그다음 대안은 거실이었다. 우리는 거실에

서 영화를 제대로 보기 위한 시스템을 설치하기 위해 연구했다. 그리고 완벽하게 성공했다. 텔레비전과 영화를 보는 기기는 자칫하면 거실의 분위기를 해칠 수 있기 때문에 모든 기기를 수납장을 짜서 집어넣었다. 전기선 또한 하나라도 밖으로 보이지 않도록 설비했다. 마지막으로 텔레비전을 가려야 하는 상황을 대비해 벽과 같은 재질의 판을 짜서 텔레비전이 보이지 않도록 마무리했다.

취미생활을 즐길 수 있고 촬영에도 걸림돌이 되지 않는 우리만의 극장이 거실에 생긴 것이다.

내게는 너무 큰 주방

　우리 주방은 집의 규모에 비해 아주 작다. 거실이 넓다 보니 주방 공간이 작을 수밖에 없었다. 이렇게 작은 주방을 시도할 수 있었던 것은 그동안 살았던 아파트에서의 주방이 내게는 너무 컸기 때문이다. 남편은 가끔 청소는 해도 설거지나 부엌에서 하는 일은 싫어했다. 나는 그런 남편에게 굳이 부엌일을 시키지 않는다.

　그렇다고 살림을 하면서 화가 나거나 짜증이 나는 때는 거의 없다. 결혼 초에는 워킹맘으로 모든 것을 내 힘으로 완벽하게 해야 한다는 욕심을 내거나 남편이 도와주기를 바라면서 억울하다는 생각이 들기도 했다. 하지만 시간이 지나면서 내가 편하게 쉬고 싶은 만큼 직장에서 열심히 일하고 돌아온 남편도 집에서만큼은 편하게 쉬고 싶을 거라는 사실을 깨달았다. 그래서 생각해낸 것이 내가 할 일을 최소한으로 줄여보자는 것이었다.

육아는 시어머니와 친정어머니에게 도움을 청했고, 식사는 가능하면 각자 해결하고 집으로 돌아올 것. 그래도 아침식사 정도는 집에서 해야 하니, 시댁과 친정이나 친척 언니들의 도움을 받거나 미리 만들어진 것을 구입해서 해결했다. 내가 즐겁게 잘할 수 있는 만큼만 하고, 그렇지 못한 것은 편하게 감당할 만큼 지출하거나 주변의 도움을 받은 것이다. 그렇게 도움을 받는 분들에게는 내가 잘할 수 있는 것으로 보답하는 것을 잊지 않았다.

그러다 보니 내가 잘할 수 있는 만큼의 집안일이 즐겁고, 우리 부부는 집안일로 스트레스를 받는 일이 없어졌다. 이렇게 편하게 사는 방법을 터득하고 나니 넓은 주방이 내게는 더 이상 필요하지 않았다. 하지만 살림을 많이 하지 않는다고 살림살이가 없는 것은 아니다.

가끔이라도 손님 접대를 하려면 그릇은 제대로 세팅을 해야 하니, 그릇이며 조리도구도 충분히 가지고 있다. 와인잔 50개가 대표적인 케이스다. 많은 손님을 초대했을 때 물이나 주스 등은 플라스틱 제품을 사용하지만 와인잔만큼은 유리잔이어야 한다. 이런 이유로 우리 집은 수납이 절대적으로 필요하다. 작은 주방에 있는 수납장으로 이 모든 살림살이가 완벽하게 정리될 수는 없다.

나는 물건이 눈에 거슬리게 보이는 것을 싫어한다. 그래서 궁리한 끝에 매일 쓸 것만 주방의 수납장에 두고 따로 수납공간을 마련하는 것이었다. 우리 집은 좁은 땅을 최대한 쓰기 위해 오각형으로 설계됐고, 사각의 방을 만들고 남은 공간이 있다. 그곳에 수납장을 짜 넣고, 중층으로 올라가는 계단 밑에도 수납장을 짜 넣어 최대한의 수납공간을 확보했다. 이제 자주 쓰는 것과 가끔 쓰는 것을 구분해서 체계적인 수납만 하면 된다.

그리고 주방의 배치에서 꼭 하고 싶은 것이 있었다. 바로 거실 쪽을 향한 싱크대였다. 거기에 좁지만 꽤 쓸모 있는 아일랜드 바를 만들었다. 그 앞에 가벼운 플라스틱 하이체어를 두어 가벼운 아침 식사는 여기서 해결하고, 다이닝이나 거실의 테이블에서는 음식을 차려놓고 여유 있는 식사를 한다. 아일랜드 바는 저녁이 되어 조명이 밝혀지면 운치 있는 카페의 바 같은 분위기가 연출되기도 한다.

그리고 반대 벽 쪽으로 가스레인지와 벽 수납장을 가득 채워 수납할 수 있도록 했다. 중요한 것은 벽 수납장과 싱크대 사이의 작업 공간이다. 보통의 아파트나 주택이 확보하는 작업 공간에 비해 우리 주방의 작업 공간은 무척 좁다. 80센티미터로 나는 28평 아파트를 개조할 때도 이 공간을 80센티미터로 했다. 같이 작업하는 사람들은 좁아서 불편할 거라고 했지만 뜻을 굽히지 않고 내 생각대로 했다. 그뿐 아니라

냉장고까지의 통로는 냉장고만 넣을 수 있는 사이즈로 작업했다. 물론 절대 좁지 않다. 그리고 내게는 적당한 작업 공간으로 주방의 앞부분이 시원하게 넓어졌다.

　이렇게 배치를 정했으면 색상을 결정해야 한다. 1층의 스튜디오는 범용성이 있는 촬영장으로 연출하기 위해 화이트로 정했지만, 2층의 우리가 사는 집은 조금 변화를 주고 싶었다. 그래서 거실 벽과 같은 베이지색으로 낙점했다. 그리고 상판의 인조대리석은 베이지색보다 흐린 아이보리로 정했다. 이렇게 주방을 거실 벽과 같은 색상으로 통일하니 시원하게 넓어 보였다. 수납 상부장은 손잡이가 없는 것이 깔끔하고 보기 좋아 문 아래쪽에서 열 수 있게 했고, 하부장은 심플한 일자형으로 설치해 쓰기에 편하다. 싱크대 아래의 손잡이는 행주 등을 걸어두고 쓰기에 좋도록 문 길이만큼 긴 것을 선택했다.

　촬영 때 거실을 넓게 써야 하기 때문에 지금의 자리로 주방을 옮기는 것이 쉬운 문제는 아니었다. 건물을 지으면서 가스와 수도 배관을 처음부터 설치한 상태였기 때문에 주방을 옮기는 것은 제법 큰 공사가 필요했다. 법적으로 가스 배관은 숨기면 안되는 사안이었다. 하지만 지금의 우리 집에 자주색 가스 배관을 설치한다는 것은 도저히 상상도 할 수 없었다. 궁리 끝에 나는 스틸 배관을 생각해냈다. 빈티지하면서 인더스트리얼한 분위기가 우리 집과 잘 어울릴 거라고 자신했고, 몇몇 의자나 조명이 그런 분위기를 받쳐줄 거 같았다. 그러한 고민이 멋진 가스 배관으로 변신했다. 그래서 조리 기구를 거는 봉도 같은 재질로 만들게 되었다.

    최소한의 작업 공간과 통로, 나를 위한 작업대 배치, 통일된 색상, 수납공간 확보 등 기존의 틀을 깬 과감한 디자인으로 무척 작은 이번 주방도 내게는 너무 과분한 주방이 되었다.

내가 갖고 싶은 욕실

나는 최고로 멋진 부티크 호텔 같은 욕실을 꿈꿔왔다.
내가 이야기하는 멋진 욕실은 커다랗고 웅장한 욕조가 있는 그런 것이 아니다. 28평 아파트를 리모델링해서 입주할 때는 샤워부스를 설치하기 위해 욕조를 포기했다. 그런데 반신욕이라는 것이 유행하기 시작했다. 모두가 반신욕이 좋다고 하니 나도 하고 싶은 마음이 생겨서 살짝 후회한 적이 있었다. 하지만 그것도 잠시였고, 사는 동안 불편함 없이 잘 지냈다. 43평 아파트에 입주했을 땐 아파트 회사들이 주장하는 럭셔리 버블 욕조가 있었다.
처음 입주해서는 반가운 마음에 몇 번 사용했지만 4년을 사는 동안 열 번도 사용하지 않은 것 같다. 나뿐만 아니라 주변 사람들도 그런 욕조가 무용지물이라는 얘기를 많이 한다. 그런 경험을 바탕으로 이번 집에서는 넓은 거실을 위해 욕실은 과감히 최소한의 사이즈를 할애했다. 대신 최대한 럭셔리하게 연출하기로 했다. 거친 벽과 화려한 거울, 심플한 샤워부스, 최대의 수납공간 확보 등 작지만 멋진 욕실을 만들기 위해 고민했다.

욕실에는 내가 정말 아끼는 모로코에서 공수한 베네치안 거울과 그 거울과 잘 어울리는 포인트 조명을 매치했다. 모던한 사각의 세면대 옆에는 거울과 비슷한 느낌의 욕실용품으로 장식했다. 그리고 나서 눈에 띄지 않아야 할 용품들은 철저히 수납장 안으로 감추었다. 드라이어, 전동칫솔 등의 전기제품도 수납장 안에 콘센트를 설치해 수납했고 쓸 때만 문을 열고 쓴다.

욕실에서 타월 같은 소품이야말로 부티크 호텔 같은 욕실 분위기를 내는 데 많이 좌우한다. 어디선가 선물로 받은 타월은 내 욕실에는 절대 들어올 수 없다. 커다랗고 못생긴 로고가 새겨진 타월을 선물하는 우리 사회의 흔한 관행도 나의 개인적인 견해로는 사라졌으면 한다. 또 한 가지 심각하게 고민한 것은 변기였는데 문을 열었을 때 밖에서 변기가 보이지 않았으면 하는 것이었다. 욕조를 없애고 샤워부스를 만들면서 나는 샤워하는 데 꼭 필요한 크기만 할애하고 나머지 공간에 변기를 두기로 했다.

물론 그 과정에서도 용기가 필요했다. 이런 공간 배치는 누가 봐도 무리한 생각이었다. 샤워부스가 너무 작고, 변기를

사용하기에도 불편하고 샤워부스를 출입하기에도 힘들 거라며 걱정했지만 내가 가장 많이 사용할 사람이니 모든 것을 감수하겠다며 용감하게 주장했다. 막상 욕실이 완공되고 나니 그런 걱정은 전혀 문제가 되지 않았다. 좁다는 샤워부스에 비누나 샤워용품을 눈에 안 띄게 놓고 쓸 공간까지 만들어냈다. 아름답게 완성된 욕실을 볼 때마다, 사용할 때마다 너무나 만족스럽다.

작은 욕실이지만 소소하게 신경 써야 할 것들이 또 있다. 일단 수건걸이, 휴지걸이 등 벽에 부착해서 쓰는 것과 수납장의 문고리들이다. 벽에 부착하는 것이 아니면 마음에 들지 않더라도 쓰다가 바꿀 수 있지만 튼튼한 콘크리트 벽에 부착하는 것이니만큼 신중하게 결정해야 했다. 국내에서 구할 수 있는 욕실용품 디자인이 거기서 거기라는 것을 알고 있었기에 나는 그동안 욕실 소품을 하나씩 모아왔다.

사이즈가 커서 어쩔 수 없는 수건걸이는 업체에서 최선의 것을 선택했고 나머지는 해외 출장 때마다 사 온 것으로 달았다. 그리고 예전부터 꼭 놓고 싶었던 스탠드형 휴지걸이도 이번에 실현되었다. 수납장 문고리도 거울과 같은 재질로 사둔 것이 있어 달았더니 무척 근사했다. 이처럼 사소한 소품 하나로도 공간의 분위기가 좌우된다.

대부분의 여자들에게 화장대는 침실에 놓는 가구다. 하

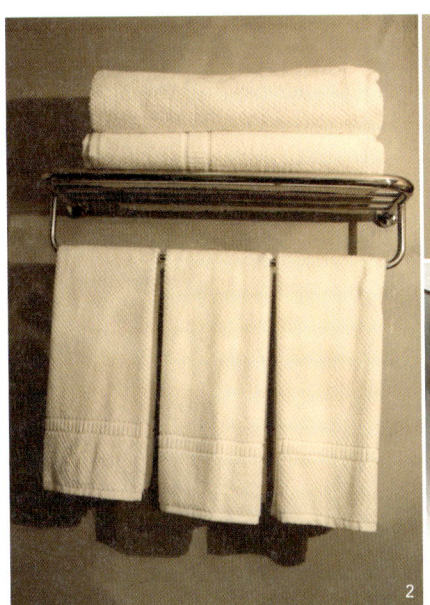

1 샤워부스는 유리로 가장 심플하게 작은 사이즈로 설치하고, 그 앞에 변기를 놓았다. 2 심플한 디자인의 수건걸이와 화이트 타월 3 클래식하지만 심플한 수납장 고리 4 클래식한 디자인의 휴지걸이 5 욕실 수납의 한계를 극복한 이동식 화장 트레이 6 거울과 잘 어울리는 재질의 소품 장식

지만 나는 지금까지 화장대를 가져본 적이 없다. 나는 화장대가 필요하지 않다. 우리의 작은 침실에 화장대를 놓을 공간도 없거니와 그 위에 화장품을 장식품인 양 늘어놓고 싶지도 않았다. 지금까지는 욕실의 수납장을 활용하거나 그럴 만한 수납장조차 부족할 때는 문구나 공구함에 담아 필요할 때마다 들고 다니면서 사용했다.

이번에도 예쁜 거울을 걸다 보니 화장품을 넣고 쓸 만한 수납장이 변기 위로 가야 했다. 하지만 변기 위의 수납장에서 화장품을 꺼내 화장하기에는 너무나 불편했다. 거울 아래 수납장에 화장품을 수납하는 공간을 만들 수도 있었지만 몸을 낮춰 꺼내야 하니 그것도 내키지 않았다. 원하는 욕실이 되었다고 화장할 때마다 불편을 감수할 수는 없었다. 그래서 욕실과 붙어 있는 드레스룸의 선반 두 칸에 화장품을 놓고 드레스룸의 거울을 보며 보름 정도 화장을 했다. 하지만 선반에 티셔츠를 좀 더 넉넉히 놓고 싶고 좁은 공간에서 화장하는 시간이 지루하기도 했다.

나는 아주 바쁠 때는 어쩔 수 없지만 편하게 원하는 장소에 앉아 TV를 보거나 아침 방송을 들으며 화장을 하고 싶었다. 이리저리 궁리한 끝에 미용실에서 본 전문가용 메이크업 카트가 생각났다. 인터넷을 뒤져 디자인이 심플하고, 기능적으로도 유용할 것 같은 카트를 주문했고, 당연히 만족해하며 사용하고 있다. 우리 집에 왔던 많은 여성이 이 카트를 무척이나 좋아한다. 일단 굿 아이디어라는 점에서 높은 점수를 주고 있다.

작은 팁이지만 또 한 가지, 변기솔이 보기 싫은데 어떻게 하면 좋겠냐는 질문을 받곤 한다. 나는 벽의 색상과 같은 색의 제품을 변기 뒤쪽으로 밀어넣어 최대한 안 보이게, 혹시 보이더라도 벽의 색상에 묻혀 눈에 띄지 않게 하라고 조언한다. 웬만한 것은 욕실의 세면대 아래 수납장에 넣지만 변기솔을 벽장 안에 두면 건조가 안되고 다른 물건에 냄새라도 밸까 우려되기 때문에 꺼내둘 수밖에 없다. 우리 집 욕실 벽은 시멘트의 진한 회색이므로 검정색으로 사서 두었더니 눈에 띄지 않아 거슬리지도 않는다.

욕실이 정갈하고 아름답기 위해서는 주부의 새로운 시도가 필요하다. 이 모든 것은 욕실 바닥을 물 청소하지 않아야 가능하다. 깨끗하면서 로맨틱하고 아름다운 욕실을 생각해보라. 욕실도 충분히 아름다울 수 있다. 작은 공간이지만 영화에서처럼 멋진 거울이 있고 근사한 조명으로 로맨틱하면서 정갈하게 정리되어 있는 그런 욕실이 내게는 머무르고 싶은 아름다운 욕실이다.

우리 집에 사람이 오는 게 좋다

우리 집에 사람들이 오는 게 정말 즐겁고 좋다.

누가 온다고 특별히 준비하는 게 없으니까 부담스럽지 않다. 누가 온다고 청소를 특별히 하지도 않는다. 나는 늘어놓고 살지 않기 때문에 손님이 온다고 해도 치울 것이 없다. 한 다발의 꽃과 언제라도 켤 수 있는 초도 준비되어 있다. 또 하나, 나를 잘 아는 지인들은 내가 누가 온다고 신경을 곤두세워 음식을 준비하지 않는다는 걸 안다. 오래전부터 나는 모든 집안일은 좋아했지만 유독 요리하는 것은 싫어했다. 요리를 못하면 소박맞는다는 말도 있다지만, 나는 요리를 하지 않으면서 지금까지 잘 살아왔다.

결혼 초 맞벌이로 일을 끝내고 집에 돌아와 밥을 해야 하는 것은 부담스럽지만 이벤트를 좋아하는 나는 가끔 맛있는 단골 분식집에서 떡볶이와 튀김을 사가지고 들어왔다. 간결한 도자기 접시에 보기 좋게 음식을 세팅하고 좋아하는 음악을 틀어놓고 퇴근하는 남편을 맞았다. 당연히 초 켜는 것을 잊지 않았으니 그것으로도 즐거운 파티가 되곤 했다. 경상도 집안의 전형적인 남편은 처음엔 어색해했지만 얼마 안 가서 오히려 본인이 초 켜기를 즐기게 되었다. 음식의 종류와 맛도 중요하지만, 그 음식을 어떤 그릇에 어떻게 담아 어떤 분위기에서 먹느냐도 그에 못지않게 중요하다.

요리가 즐거운 사람도 있겠지만 집에 손님이 올라치면 겁부터 나는 사람도 있다. 스트레스를 받으며 음식을 만들거나 음식을 잘 만들지 못하는 사람이 손님을 초대할 경우 손님을 제대로 접대할 수가 없다. 부엌과 거실을 오가며 음식을 준비하고 내오고 치우다 보면 안주인으로서의 역할도 잘 해내지 못할뿐더러 너무나 버거워서 자신도 모르게 얼굴이 찡그려진 경험이 있을 것이다.

내 손님이야 크게 부담되지 않지만 사람 좋아하는 남편이 손님을 초대하면 나도 머리가 복잡해진다. 나는 고백하건대, 요리를 시도해본 적이 없으니 잘할 수 있는지도 모르겠고 잘하고자 하는 의지도 없다. 그러나 주부생활 24년의 노하우와 전공인 테이블 데코와 간단한 아이디어로 나름 훌륭하게 손님 초대를 마치곤 한다.

얼마 전 시어머니가 나를 바라보시며, "너는 어쩜 이렇게 팔자가 좋으니?"라고 말씀하셨다. 물론 선의의 뜻으로다.

"제가 팔자가 좋은 건 어머니도 도와주신 거잖아요"라고 대답했다. 그전에도 친구들로부터 가끔 그런 얘기를 들었지만 시어머니에게 그런 말을 듣고 보니 다시 한 번 내 자신을 돌아보게 했다.

나는 시어머니를 감히 사랑한다. 지난 세월 동안 섭섭하고 속상할 때도 많았지만, 밥하는 일을 가장 힘들어하는 며느리를 다른 장점으로 감싸 안아주신 어머니에게 감사하는 마음을 갖게 되고부터다. 서로에게 없는 것을 기대하며 상처를 주고받는 것이 얼마나 어리석은지 깨닫고 나서부터 어머니에게 없는 것을 기대하거나 내게 없는 것을 억지로 힘겹게 해서 잘 보이려고 하지 않은 덕에 우리는 그야말로 '쿨'한 고부간이 되었다.

시어머니를 비롯한 여러 사람들 덕분에 항상 필요한 김치나 맛있는 반찬이 냉장고에서 떨어지는 경우가 없다. 내가 잘 못하는 것을 해주는 고마운 분들에게는 내가 잘할 수 있는 것으로 보답하는 걸 잊지 않는다.

2년 전 남편의 연말 모임이 우리 집에서 있었다. 손님은 24명. 나는 잘 아는 후배를 통해 집으로 케이터링 서비스를 부탁했다. 케이터링의 가격이 다소 부담됐지만 중요한 손님들을 모셔놓고 혼자 힘으로는 감당하기 힘든 24인분의 음식을 서툰 솜씨로 준비하다가는 재료비는 고스란히 쓰고 형편없는 음식이 될 것이 뻔했다. 케이터링은 깔끔하고 보기도 좋아서 손님들이 접대를 받는 기분이 들었지만, 음식이 푸짐하고 넉넉하지 않다는 단점이 있다.

그래서 생각해낸 아이디어가 '미니 오뎅바'였다. 인터넷 쇼핑몰에서 5만 원에 구입한 미니 오뎅바는 야외용 소형 가스레인지를 오뎅바 안에 넣어서 쓸 수 있게 만들어졌다. 모양도 포장마차에서 쓰는 것처럼 제법 그럴듯했다. 그것을 뷔페 테이블 한쪽에 놓고 따끈한 국물과 함께 준비하니 술집에서나 보던 것이라며 사람들이 재미있어 했다. 자신의 집들이에 빌려달라는 사람도 있었다. 미니 오뎅바 하나가 연말 모임을 따뜻하고 행복하게 만드는 주인공이 되었다.

지금도 집들이를 할 때마다 나를 잘 아는 지인들은 생각보다 잘 차려진 음식에 대해 궁금해한다. 나는 내가 편하게 할 수 있는 만큼만 한다. 그러니 서로 부담될 리 없다. 그런데 새집에 들어와 했던 열두 번 정도의 크고 작은 집들이는 달랐다. 평소에 오는 사람들이야 특별한 초대가 아니지만 집들이는 특별한 초대였다. 적게는 8명부터 많게는 30명까지 족히 200명의 지인이 우리 집에서 즐겁게 지냈다. 이곳을 집으로만 지었다면 그렇게까지 유난스럽게 하지 않았겠지만 집들이는 우리 집을 홍보하는 비즈니스의 장이기도 했다. 오히려 일과 관련된 집들이를 우선적으로 하고, 시댁 집들이는 이사해서 두 달쯤 지나서야 했을 정도다.

나와 남편은 지인들이 모여 즐거운 시간을 보내는 것을 좋아한다. 나는 남편 친구들이 언제나 찾아와도 서툴지만 성심성의껏 술과 간단한 안주를 준비하고 부담 없이 그들과 어울려 즐거운 시간을 보낸다. 또한 남편은 자신의 손님뿐만 아니라 나의 지인들이 늦은 시간에 찾아와도 기꺼이 DJ 역할을 훌륭하게 수행해 인기가 많다.

우리 집에 손님이 오면 최소한 3차까지 이루어진다. 우선 1층 스튜디오나 정원에서 저녁을 먹는다. 이때 실내 스튜디오에서 시작했더라도 자연스럽게 식사가 끝나면 와인잔을 들고 정원에 다시 모인다. 그리고 밤이 깊어지면 2층의 거실로 올라가서 안드레아 보첼리나 이글스 등의 음악 DVD를 보며 이런저런 얘기로 화기애애한 시간을 이어간다. 그다음은 2층 계단 위의 중층 오디오룸으로 모여 시간 가는 줄 모르고 음악에 빠진다. 그럴 때면 옛날 노래를 신청해서 서로 추억을 공감하며 감동에 젖곤 한다.

내가 요리하기를 좋아하지 않으니 음식 접대가 다소 미흡할 수는 있다. 하지만 그 밖의 부분에서 사람들이 즐거울 수 있도록 성심을 다한다. 우리 집에 온 손님들은 편안한 술자리는 물론 오디오룸과 거실에서 훌륭한 음악을 감상할 수 있으며, 테라스와 실외 정원에서도 야외용 스피커로 음악을 들으며 즐거운 시간을 보낼 수 있다. 그래서인지 우리 집의 모임은 보통 새벽까지 이어지는 경우가 많다.

우리 집에 오는 사람들은 집과 집 안에 있는 많은 것들에 대해 질문하고 한두 가지의 아이디어를 배웠다는 인사를 하곤 한다. 나는 그런 것 또한 즐겁다. 나의 외국 출장에는 항상 선후배와 친구들이 동행하곤 했다. 파리에서 열리는 '메종&오브제'는 물론이거니와 뉴욕, 파리, 런던, 피렌체 등에도 많은 사람들과 동행했다. 때로는 열 명 이상을 인솔하는 경우도 있다. 그런 것은 일로서가 아니라 좋은 곳을 보여주고 싶은 마음에서였고, 그럴 때마다 많은 사람이 내가 보여주는 것들에 감동하고 만족해했다. 그래서 나는 같은 곳을 반복해서 여행 가는 경우가 많다.

긴 여행뿐 아니라 내가 최고로 좋아하는 뮤지컬 〈노틀담드파리〉는 열 번이나 봤다. 말로 보라고 하면 안 보고 지나가니 함께 데리고 가서 보여준 사람이 많다. 〈샤넬〉〈순수의 시대〉〈오만과 편견〉〈마리앙뜨와네뜨〉〈오페라의 유령〉 등 볼거리 많은 영화는 평균 서너 번은 극장에 가서 보는데 각기 다른 친구나 선후배들과 함께 보기 때문이다. 그것도 못 보고 지나간 사람들에게는 DVD를 사서 빌려주거나 집에 와서 보게 한다.

언제부터인가 나는 좋은 것은 꼭 같이 나눠야 직성이 풀렸다. 그렇게 다니면서라도 보여주고 함께 감동을 느끼는 게 좋은데 우리 집에서 모두 함께 행복할 수 있다니 집을 참 잘 지은 것 같다. 그런 것이 더불어 살아가는 재미라고 우리 부부는 실감하며 즐거워한다.

우리 집의 인테리어 포인트

높은 천장과 오각형 구조

집에서 우리 가족이 누리는 최고의 호사는 천장이 높다는 것이다. 지금까지 멋진 호텔이나 카페에 갔을 때 가장 부러웠던 것이기 때문이다. 높은 천장을 갖기 위해 3층으로 지을 수 있는 집을 2층으로 짓는 과감한 결정을 했다. 더불어 좁은 땅에 최대한 면적을 확보하기 위한 오각형 설계로 누구도 예상하지 못한 거실을 갖게 되었다.

탁 트인 시야
집을 설계할 때 신중히 고민했던 부분은 과연 창을 어느 쪽으로 낼 것인가였다. 마침 남향 쪽으로 작은 동산이 붙어 있었고, 반대쪽도 건물이 없는 녹지였다. 다른 두 면은 건물이 보였기 때문에 자연을 전망으로 볼 수 있는 쪽으로 중요한 거실과 다이닝을, 그렇지 않은 곳은 벽으로 하여 창이 크게 있어야 하는 공간과 아닌 공간을 나눠서 배치했다. 결과적으로 우리 집은 보이는 것은 자연이고, 옆에 붙은 건물들은 집 안에서는 보이지 않아 넘치는 자연을 즐길 수 있다.

고정관념에서 벗어난 공간 분할
기존에 볼 수 있는 설계를 했다면 참고할 자료도 많고 경험도 많으니 쉬웠겠지만 백지인 우리 집 스케치북에 고정관념으로 정해진 공간을 만들 이유는 없었다. 합당한 공간으로 분할하기 위해 우리가 왜 집을 짓기로 했는지, 여기서 어떻게 살고 싶은지 많은 의견을 나누고 고심한 끝에 맞춤형 우리 집이 탄생했다.

절제된 재료 사용

처음부터 우리는 재료에 대한 욕심은 버렸다. 하고 싶은데 버린 것이 아니라 기본적인 몇 개의 재료로 모던하고 심플하게 완성하기 위해서였다. 건물의 외장으로는 시멘트만을 사용했다. 내부는 시멘트와 목재, 철재로 마감했으며 대부분 페인트칠을 했다. 이 부분에서 욕심을 냈으면 가구나 장식을 할 때 어려움이 많았을 것이다. 작지만 심플한 마감으로 시원하게 넓게 보이는 효과를 누렸다.

최소한의 작업 공간과 동선으로 넓은 생활공간 확보

정해진 공간에서 넓은 생활공간을 확보하기 위해서는 필요하지 않은 공간은 만들지 않아야 한다. 작업 중에 난항을 겪는 것이 작업 공간이나 동선이다. 아파트의 리모델링을 할 때도 같은 고민을 했고, 이번에도 용기를 냈던 부분이다. 작업을 하고 오가며 움직이려면 최소한 이 정도의 공간은 있어야 한다는 이론은 공간이 충분할 때의 얘기다. 나는 그보다 훨씬 작은 공간에서도 불편하지 않게 잘 살고 있다.

벽과 가구, 커튼의 컬러 매치
오래전부터 모노톤, 뉴트럴 톤의 컬러와 사랑에 빠졌다. 인테리어와 살림살이뿐 아니라 내가 입는 옷과 액세서리도 마찬가지다. 젊은 시절에는 화이트, 블랙, 그레이 등 모노톤이 좀 더 좋았지만 지금은 모노톤을 기본으로 편하고 따뜻한 느낌의 뉴트럴 톤 쪽으로 더 마음이 간다. 인테리어와 잘 어울리는 컬러의 가구와 소품은 집 안의 전체 분위기를 좌우하는 중요한 요소이다.

용도에 따른 디자인의 조명

아파트나 집을 꾸밀 때 미적인 요소로 중요한 것이 바로 조명이다. 깜깜한 밤에 불을 밝히는 정도로만 생각한다면 모르겠지만 해가 지고 나서 켜는 조명만으로도 집은 수많은 모습으로 변신한다. 그날 저녁 집에서 무엇을 하느냐에 따라, 기분에 따라 켜지는 각각의 조명으로 색다른 분위기를 연출할 수 있다.

데드 스페이스를 활용한 수납공간

크지 않은 공간에 수납만을 위한 공간을 마련하기에는 아까운 면이 있다. 아파트에는 정해진 수납공간이 있지만 새로 짓는 집에서는 가능하면 필요한 큰 공간을 확보하면서 자투리를 이용한 수납공간을 찾아내는 데 주력했다. 수납공간이 충분하지 못한 집은 산만하고 복잡해지기 쉽다.

보이지 않아야 하는 것들

인테리어를 하면서 신경 쓰지 않고 무심코 지나가면 크게 후회되는 것이 전기와 관련된 것이다. 우선 전기선의 노출, 콘센트의 위치, 가전제품의 선들이 보이면 아무리 인테리어가 훌륭해도 망가지게 된다. 나는 웬만한 스위치는 문 안쪽으로 옮겼으며 네모난 벽 자체가 깔끔하게 완성되도록 모든 콘센트와 전기선을 수납장 안으로 넣었다. 또한 가구나 소품으로 가려지는 위치에 설치되도록 철저하게 관리했다.

믹스&매치 가구 배치
우리 집의 외관은 각이 져서 모던하지만 거칠게 마감되어 빈티지한 모습이다. 실내로 들어오면 외관과는 상반된 모던하고 심플한 인테리어로 군더더기가 없다. 나는 인테리어의 재료와 색상을 단순하게 하는 대신 가구를 다양하게 배치하여 개성을 살리는 것을 좋아한다. 모던한 것과 빈티지한 것, 옛것과 새로운 것의 예상치 못한 매치로 공간에 재미와 리듬을 줄 수 있기 때문이다. 고급스러운 모던한 이미지와 감각적인 빈티지 가구를 유니크하게 매치하는 것만으로도 실내 분위기는 완벽하게 조화를 이룬다.

PART 3

집에
스타일을
더하다

나는 예전에도 그랬고, 지금도 아름다운 공간에 집착한다. 아름다운 공간을 보는 것도 음악, 여행, 문학 혹은 영화처럼 우리가 선택해서 즐길 수 있는 소중한 예술 작품이라는 생각이 든다. 일반적인 예술 분야가 전문가들이 만들어놓은 완성품을 보고 즐기는 것으로 만족해야 하는 반면 아름다운 공간은 자신의 의지로 자신만의 스타일로 완성하고 또 즐길 수 있다. 그런 의미에서 그 사람이 생활하는 공간을 보면 그 사람의 성격은 물론 취향까지 알 수 있다.

　집은 나를 꾸미는 것과 비슷하다. 가장 기본인 세안을 하고 화장을 하고 옷을 차려입듯 집 안 또한 청소와 수납을 하고 나서 데커레이션을 하는 것이 순서다. 마지막으로 작은 꽃 한 송이로 공간에 생기를 줄 수도 있다. 아름다워지기 위해 다이어트를 하고 피부 관리를 하듯 집 또한 꾸준히 관심을 가지고 가꾸고 관리해야 하지 않을까. 관리한 만큼 달라지는 집을 경험할 수 있다.

　나는 심플한 인테리어를 추구한다. 항상 베이식한 것에서 출발해 컬러풀하고 디자인적인 것을 믹스&매치함으로써 변화를 주는 것을 좋아한다. 집 안에서는 적절한 공간 분할에 따른 가구 배치와 공간의 느낌을 제대로 살리는 커튼과 소품 등으로 포인트를 주곤 한다. 특히 내가 즐기는 것은 우리 집 분위기와 잘 어울리는 소품으로 양념 같은 변화를 주는 것이다. 이런 사소한 소품 하나가 얼마나 그 공간을 빛내는지 아직 한번도 시도해보지 않았다면 직접 경험해보길 바란다.

　그런데 이때는 항상 비슷한 분위기만 추구하지 말고 스타일이 혼재된 재미도 느껴보면 좋다. 클래식한 가구에는 클래식한 소품을, 모던한 인테리어에는 모던한 가구만을 매치하곤 하는데 그러면 참 재미가 없고 지루하다. 나의 경우는 모던한 것을 기본으로 하되 거기에 전혀 예기치 못한 디자인의 가구나 소품을 놓아 나만의 개성을 한껏 연출한다. 어울리지 않을 것 같은 조합을 통해 의외의 판타스틱한 결과를 얻기도 하고, 수많은 상상의 나래를 펴기도 한다.

권은순의 수납법

수납의 시작

집의 형태를 갖추고 공간을 분할하면서 눈에 띄지는 않지만 세심하게 신경을 쓴 부분이 바로 수납공간이다. 거실과 주방, 두 개의 방과 두 개의 욕실, 다용도실 등 반드시 필요한 공간을 순서대로 나누고 남는 장소에 수납공간을 할애하기 위해 연구 또 연구했다.

예순일곱의 나이에 쓰러져 갑자기 돌아가신 엄마는 내가 당신처럼 살지 않기를 바라셨다. 그래서 어려운 환경에서도 나를 '가난한 집 공주'로 키우셨다. 나는 지금 엄마처럼 살지 않는다. 자신을 희생해가며 살지 않는다는 뜻이다. 엄마가 사셨던 그 시대 여자들의 일반적인 삶과 달리, 나는 내 의지대로 자유롭게 살고 있다. 그렇지만 어쩔 수 없이 엄마를 쏙 빼닮은 것이 있다. 바로 '엄마의 부엌'이다. 엄마의 부엌은 친구들 사이에서 '싱크대 전시장'이라는 얘기를 들을 만큼 물 한 방울 없이 항상 깔끔했다.

넉넉지 않은 살림이라 초라한 부엌이었지만 항상 잘 닦여 있고 정리가 완벽하게 되어 있어 반짝반짝 윤이 났다. 그뿐이 아니라 작은 물건이라도 나란히 줄을 세우고, 정리하고, 닦아야만 자리에 앉으셨고 자리에 앉아서도 가만히 계신 적이 없었다. 그 당시 학을 접는 게 유행했었는데, 1천 마리의 학을 여러 번 접어 뚜껑 있는 유리병에 넣어 선반 위에 나란히 장식하곤 했다. 어쩌면 당신의 고달픔을 하염없이 학을 접으며 이겨내셨는지도 모르겠다.

그런 엄마를 닮아서일 게다. 나는 어디서나 정리정돈을 한다. 남편은 나를 '정리의 달인'이라고 부른다. 아침 출근할 때도 정리가 완벽하게 되어 있지 않은 경우가 거의 없다. 지금의 집은 3층이나 되고 비즈니스도 하고 있어 청소를 도와주시는 아주머니가 일주일에 한두 번 오신다. 그런 날도 나는 뭔가 널려 있는 모습을 못 보고 정리를 한다. 아주머니는 바닥과 먼지를 닦는 일만 도와주시면 된다.

나의 집 꾸미기의 기본은 정리다. 꾸미기 전에 정리를 하지 않으면 다음 단계의 수납 계획을 세울 수가 없다. 정리를 하기 위한 첫 번째 단계는 내게 불필요한 물건은 가지고 있지 않는 것이다. 그래야 체계적으로 수납을 시작할 수 있다.

나는 이사를 많이 하며 살았다. 친정부모님이 내 집이라는 것을 내가 대학 다닐 때 처음 가지셨으니, 1~2년에 한 번씩 이사를 한 셈이다. 결혼해서도 이런저런 경제적인 이유와 아파트 입주 등으로 평균 2년에 한 번꼴로 했다. 이사를 자주 하면서 한 가지 좋았던 것은 그때마다 필요하지 않은 것들을 처분하고, 오래 가지고 있었지만 필요 없는 물건들을 없앨 수 있었다는 것이다.

우리가 이사를 할 때는 항상 이삿짐센터 아저씨들과 실랑이가 벌어지곤 했다. 이사할 때는 당연히 방문 견적을 받아 자세히 이삿짐의 품목을 체크하고, '추가비용 없음'이라는 계약서에 동의한 후 이사를 시작한다. 그런데 짐을 싸기 시작하면 예상보다 훨씬 많은 살림살이로 아저씨들의 한숨 소리가 들린다. 우리 눈에 보이는 물건이 아닌 엄청난 양의 물건이 수납장 안에 체계적으로 정리되어 있으니 짐을 싸기 전까지는 그렇게 양이 많았는지 몰랐던 것이다. 내가 일부러 속이려고 한 것은 아니니 어쩔 수 없지만 완벽하게 수납되어 있어 잘 몰랐을 테니 어느 정도의 추가 비용을 지불하는 것으로 서로 기분 좋게 이사를 마무리하곤 했다.

이번 집짓기 프로젝트를 시작하면서도 나는 어김없이 이삿짐을 날라주는 사장님과 아저씨들에게 놀라움을 안기고 말았다. 우리는 집을 지으면서 전세도 포기하고 당분간

월세를 살 수밖에 없었다. 당연히 월세집은 턱없이 비좁아서 꼭 필요한 최소한의 살림살이만 옮기고, 나머지 짐은 창고에 맡기기로 했다. 기사 분들은 43평의 보통 아파트보다 짐이 적어 보여 평균 견적으로 시작했는데, 이번에도 숨어 있는 짐들이 엄청나게 많았다.

내 이삿짐에는 큰 소쿠리나 다라이는 하나도 없고 안 쓰는 물건도 전혀 없다. 하지만 책과 음악, 영화 CD와 오디오 세트를 비롯해 그동안 모아온 소품까지 창고로 20피트 트럭으로 한 대, 월세집으로도 2.5톤 트럭으로 4대분이나 보냈다. 기본적으로 필요한 것들만 옮겼지만 좁은 집에도 오디오와 음악 CD는 있어야 했기 때문이다.

새집으로 이사하던 날, 언제나처럼 단골 이삿짐 아저씨들이 포장은 완벽하게 해주었지만 각 방까지 옮긴 다음에는 박스째 둔 채 마무리를 했다. 정리는 내가 직접 하는 것이 편하기 때문이다. 다른 사람이 박스를 풀어서 넣어준 짐을 그대로 쓰기에는 현실적으로 불가능하다. 그렇게 넣어두면 다시 꺼내서 정리해야 하기 때문에 오히려 힘이 더 든다.

남편은 이번에도 오디오룸에 콕 박혀 오로지 오디오 연결과 CD를 정리하는 것으로 하루를 보냈다. 자신은 거실의 AV 시스템이나 인터넷 등 전기와 관련된 것만 잘한다며 우쭐해서 신나했다. 물론 무거운 걸 들어달라거나 박스를 치우는 정도는 기꺼이 하지만 나머지 짐 정리는 모두 내 차지다. 이사의 꽃인 수납은 내가 할 수밖에 없다. 그래야 두고두고 편하다. 나는 건망증이 심해서 보이지 않으면 무조건 생각이 나지 않아 쓰지 못한다. 모든 물건이 내 눈에 보이지 않으면 무용지물이 되고 만다. 생각이 안 나서 쓸 수가 없으니까.

이번에도 만족스러운 수납이 완성되기까지 3주 정도 걸렸다. 이사하고 가구를 자리 잡고 나서도 수납의 연속이었다. 설사 계획을 세웠다고 한 번에 되는 게 아니라 위치를 바꾸거나 우선순위를 바꿔야 하는 경우도 많았다. 그렇게 완성된 수납은 이 집에서 사는 내내 편리한 생활의 기초가 된다.

수납은 계획이다. 우선 최대한 공간을 확보하고 종류별로 분리하고 서로 관련 있는 곳 주변에 모아두어야 한다. 그래야만 몸도 덜 피곤하고 생활하기가 편리하다.

수납의 기술 – 아이템별 수납 방법

우리 가족에게 거실은 영화를 보거나 음악을 듣고 함께 대화를 나누며 와인을 마시는 장소다. 이미지 월 안에 TV를 설치하고 그 아래 수납장을 짜고 가운데에 비디오와 AV 시스템을 넣었다. 그리고 양쪽으로 영화와 음악 DVD를 수납했다. 물론 이 모든 수납장에는 문을 달아 사용하지 않을 때는 가릴 수 있게 했다. 그리고 큰 리모컨은 수납장 안의 기계 위에, 작은 리모컨은 티테이블 위의 장식함에 넣어둔다. 거실의 수납은 이 정도면 충분하다.

거실은 수납보다는 넓게 사용하고 멋지게 보이는 데커레이션으로 더 많은 공간을 할애하고 싶었다. 그런데 엄청난 분량의 책이 문제였다. 오디오룸은 남편이 원하는 만큼 크지 않았고 거실은 촬영을 위해 책장을 내줄 공간이 없었다. 거실에서 바라보이는 중층의 복도가 해결책이었다. 오디오룸과 테라스를 오가는 복도는 최소한의 폭만 확보되면 가능했다. 그 복도의 전체 벽면에 책장을 짜 넣어 멋진 서가를 만들고 나의 책을 모두 수납할 수 있었다. 책을 더 꽂을 수 있는 여유 공간까지 확보했다.

체계적인 수납은 주방에서 가장 많이 요구되는데 가장 중요한 것은 전기제품의 수납이다. 내게 있어 전기제품은 장식용과 장식적인 기능이 전혀 없는 것으로 구분된다. 자주 쓰지만 보이지 않았으면 하는 전자레인지, 압력밥솥, 무선주전자, 믹서 등은 안 보이게 수납한다. 이런 전자제품들을 싱크대 근처에 두면 아무래도 분위기가 산만한데, 주방 소품에 따라 분위기가 전혀 달라지기 때문이다. 주방 분위기를 멋지게 업그레이드시키는 것으로는 디자인이 세련된 에스프레소 머신, 토스터 등으로 이때 예쁜 조리 기구를 장식을 겸해 함께 진열하기도 한다.

주방을 설계할 때 나는 벽을 바라보며 설거지를 하고 싶지 않았다. 그래서 우리 집 싱크대는 거실을 향해 있다. 그런 결정을 하고 나니 그릇을 씻어서 얹어놓는 건조대가 문제였다. 그래서 두 개의 싱크대를 설치했다. 옆으로 긴 싱크대는 그릇을 씻는 용도, 작은 싱크대는 건조대로 쓰기 위함이다. 이렇게 하니 아이디어는 좋았지만 작은 싱크대에 맞는 철제 바구니를 구할 수가 없었다. 좀 작은 사이즈의 바구니를 억지로 맞췄더니 자꾸 바닥으로 떨어져 신경이 쓰였다. 집 공사를 하는 분에게 부탁해서 용접으로 걸쳐지게 만들어 그 문제를 해결했다. 이렇게 사소한 부분이라도 포기하고 대충 놓으면 만족스러운 수납이 될 수 없다.

주방 공간이 작으니 수납이 부족할 수밖에 없지만 주방 근처에서 자투리 공간을 찾아내 수납장을 짜 넣었다. 그 수납장은 칸을 넓게 만들어 작은 주방에서 해결할 수 없는 큰 물건들을 수납했다. 그래도 모든 그릇을 수납하기에는 공간이 턱없이 부족했다. 다이닝의 한쪽 벽을 이용하면 좋을 만한 공간에 수납장을 짜 넣어 자주 쓰지 않는 그릇을 수납하니 넉넉하게 쓸 수 있게 되었다.

주방에서 또 한 가지 고민했던 것은, 가사일에 적극적이지 않은 남편과 아이의 도움을 유도하는 수납 아이디어였다. 최소한 늘어놓지 않도록 하는 것이 우선이며, 그다음은 그들이 쉽게 접근할 수 있는 곳에 필요한 용품을 수납하는 것이다. 우리 가족이 모두 즐기는 것이 바로 술이다. 가족끼리 혹은 손님이 왔을 때 함께 준비할 수 있도록 거실로 향한 수납장에 각종 술잔과 냅킨, 와인 오프너들을 보관했다. 이제 손님이 오면 나는 싱크대 쪽에서 안주를 준비하고 남편은 반대쪽에서 술잔 등을 준비한다.

우리 집이 다른 집과 다른 점을 또 하나 꼽으라면 작은 드레스룸일 것이다. 여자들은 나의 드레스룸을 보고 "옷이 별로 없네! 따로 보관하는 곳이 있어?" 하고 물어본다. 겨울에는 여름옷을, 여름에는 겨울옷을 아들의 옷장에 보관하긴 하지만 그것도 그렇게 많지는 않다. 나는 옷이나 액세서리가 많지 않다. 다른 사람과 비교할 수는 없지만, 나를 아는 사람들이 생각하는 것보다 적게 사는 편이며 충동구매를 하지 않는다. 1~2년 입지 않았고 앞으로도 안 입을 것 같은 옷은 다른 사람한테 주거나 헌옷수거함에 넣는다.

물론 추억이 깃든 아끼는 물건은 가지고 있지만, 쓸모없는 것들이 넘쳐서 중요한 것이 가려지는 일이 없도록 한눈에 보이도록 정리한다. 옷장에 비해 많은 수납이 필요한 것이 신발장이다. 옷이나 가방에 비해 신발은 좀 욕심이 있는 편이라 안 신는 것은 처분하더라도 신발장은 충분하게 필요했다.

기존의 장 속에 있는 칸막이로는 물건을 수납할 때 빈 공간이 남기 마련이다. 그렇다고 칸막이를 좁게 설치하면 물건을 넣고 빼기가 불편하다. 한눈에 모든 게 보이는 것, 넣고 빼기 쉽게 정리하는 것이 수납의 기술.

그런데 현관에는 신발장을 두지 않았다. 신발장 하나는 실내 다용도실에 두고, 옥상으로 올라가는 복도의 남는 공간에 신발장을 짜 넣어 자주 신지 않는 신발들을 수납했다. 처음에는 현관에 신발장이 없으면 불편하지 않을까 염려되었지만 살아보니 전혀 불편하지 않아 참 다행이다.

남들에게 보여주고 싶지 않은 대표적인 곳으로 다용도실의 수납이 남았다. 알뜰하게 공간을 분할하면서 다용도실을 넉넉하게 할 이유는 없었다. 하지만 꼭 필요한 몇 가지는 넣어야 했다. 세탁기는 물론이고 실내에서 냄새 나는 음식을 만들고 싶지 않아 여분의 가스레인지도 두어야 했다. 그리고 빨래건조대, 세제류 등 집 안에 필요한 잡동사니를 수납해야 했다.

먼저 바닥을 모두 사용할 수 있도록 위쪽 벽으로 선반을 짜 넣었다. 세탁기와 가스레인지의 자리를 잡고 잡다한 공구와 클리닝에 필요한 세제들을 수납하기에는 좋았지만 빨래건조대를 설치하기에는 너무 협소했다. 사람들이 테라스나 옥상에 빨래를 널면 좋다는 얘기를 많이 하지만 빨래를 널 때마다 층계를 올라가거나 내려가기에는 현실적으로 번거롭다. 날씨가 좋을 때는 햇볕에 빨래를 널고 싶을 때도 있겠지만 그건 시간과 마음이 여유로울 때이고 내 경우는 그렇지 못했다.

청소를 도와주시는 분에게 빨래까지 부탁할 수도 있지만 우리의 경제 상황으로는 꼭 필요한 청소만 도움을 받기로 했기에 빨래는 내가 해결해야 한다. 아이도 없기에 우리 부부의 빨래는 단순하다. 셔츠나 재킷, 니트 등을 세탁소에 맡기고 나니 캐주얼 하의와 티셔츠, 속옷 정도는 문제가 안 되었다. 하지만 공간을 배치할 당시부터 2층 실내 베란다에 빨래건조대를 설치할 수 있는 공간을 할애하기에는 어려웠다.

남는 공간도 없고 최선의 방법은 다용도실의 천장을 이용하는 것이었다. 다용도실의 한쪽 벽이 벽돌이라 못을 고정하기 어려워 벽면에 철판을 고정시키고 그 철판을 이용해 건조대를 설치했다. 하지만 천장에 고정하는 건조대에만 빨래를 널기에는 아무리 빨래 양이 많지 않다고 해도 부족했다. 몇 달 전 전시회에 갔다가 연락처를 받은 업체에 부탁해 벽에 부착했다가 필요할 때만 쓰는 빨래 건조대를 주문해서 남은 벽에 설치했더니 빨래 문제가 단숨에 해결되었다.

우리나라 사람들은 대부분 방마다 쓰레기통을 두고 생활한다. 나는 웬만하면 쓰레기통을 방에서는 쓰지 않기를 권한다. 우리 집은 쓰레기통을 주방과 두 욕실, 남편의 오디오룸 외에는 두지 않는다. 거실이나 방에 쓰레기통이 없어 불편할 정도로 우리 집은 넓지 않다. 아주 뛰어난 디자인이 아니면 쓰레기통이 보기 좋을 리도 없다. 어쩔 수 없이 두어야 한다면 살짝 가려지는 디자인이 좋다. 집 욕실에 둔 쓰레기통은 마트에서 그레이 컬러의 심플한 디자인으로 구입했는데 시멘트벽에 묻혀 튀지 않는다.

아무리 잘 지어지고 멋지게 인테리어한 집이라도 제대로 정리되어 있지 않으면 소용없다. 체계적인 수납 없이 아름답고 안락한 집도 없다. 집을 짓고 멋있어 보이는 집이 아닌 편하게 생활할 수 있는 집으로 완성하기까지 내가 많은 정성을 쏟은 부분이 바로 수납이었다.

반짝반짝, 청소의 노하우

나는 살림에 필요한 도구를 사용하는 독창적인 방법과 주변 환경을 깔끔하게 만드는 어떠한 정보도 소홀하게 여기지 않는다. 어디에서라도 나를 도와주는 살림살이를 찾으면 바로 집으로 데리고 온다.

오래전부터 스테인리스 스틸 냉장고가 갖고 싶었다. 이번이 절호의 기회. 기존의 냉장고는 화이트였고, 1층에 냉장고가 하나 더 필요했기에 큰마음 먹고 구입했다. 집에 너무나 잘 어울리는 그 냉장고가 마음에 쏙 들었지만 정수기로 나오는 물을 흘린 자국이나 손잡이 근처의 자국이 잘 닦이지 않았다. 마침 마트에서 스테인리스 스틸 클리너를 발견하고 마른행주에 묻혀 닦으니 유리처럼 깔끔하게 닦여 속이 다 시원했다.

거기서 그칠 내가 아니다. 그동안 못마땅했던 싱크대도 이것으로 닦으니 깨끗해지기도 하거니와 물방울도 잘 씻겨

내려갔다. 주방의 스틸 제품들을 닦으니 한눈에 봐도 반짝거리는 것이 아닌가. 단순한 청소용품 하나도 이런 만족감을 주다니 그저 신기할 따름이다. 평소 마트에 가면 청소 도구 등을 살살이 뒤져 손쉽게 청소할 수 있는 제품을 찾아내는 것이 나는 재미있다.

핸디 청소기는 시도 때도 없이 떨어지는 머리카락과 자잘한 먼지나 부스러기를 치우는 데 정말 요긴하다. 그래서 항상 가까이 두고 사용한다. 먼지가 잘 묻어나면서 날리지 않는 페이퍼는 당연히 상비하고 있으며 가구나 소품 사이의 먼지를 쉽게 달라붙게 하는 도구, 제품에 붙어 있는 사용설명서 본드 자국을 없애는 스프레이도 다용도실 선반에 고이 모셔두고 있다.

카펫의 먼지를 없애는 롤러테이프는 거실과 오디오룸 카펫이 깔린 소파 옆에 안 보이게 두고 수시로 사용한다. 나는 국내에 로봇청소기가 출시되자마자 일찌감치 망설이지 않고 구입했다. 처음 나온 모델이라 요즘 것처럼 성능이 완벽하진 못하지만, 넓은 공간을 혼자 돌아다니며 먼지를 먹는 로봇청소기가 많이 도움된다.

주방은 주방대로 싱크대 거름망에 음식 찌꺼기가 조금이라도 남지 않게 하며 수시로 뿌리는 거품 세정제가 싱크대 아래에 있다. 잘 지워지지 않는 때를 닦는 매직 클리너도 쓰기 좋은 크기로 잘라서 둔다. 이처럼 만반의 준비가 되어 있으니 남편이 도와주지 않아도 별 어려움 없이 집 안을 깨끗이 유지할 수 있다.

그런데 단독주택이다 보니 분리수거가 꽤 번거로웠다. 아파트에 살 때는 휴일에 분리수거 정도는 남편과 같이 했었는데, 이곳은 정해진 요일과 장소에 시간을 맞춰 내놓아야 하는 게 난감했다. 그런데 누군가 박스를 모아두면 가져가면서 분리수거를 하고 있었다. 박스 등을 일목요연하게 정리해서 밖에 내놓는 것으로 분리수거가 어느 정도 해결되었다.

결혼한 지 24년째지만 나는 걸레를 빨아서 쓴 적이 없다. 지금은 청소용 물휴지가 있지만 신혼 시절에는 그런 제품이 없어서 음식점에서 쓰는 물휴지를 사용하기도 했다. 결혼 초기에 남편은 이런 나를 이해하기 어려워했지만 이제는 커리어우먼으로서 요령껏 살아가는 방법을 터득한 것이라고 인정해준다. 내가 편하고 즐겁게 가사일을 하면 본인도 가사노동에 신경 쓰지 않아도 되기 때문이다.

집 안에 생기를 불어넣는 스타일링

나는 좋아하는 스타일이 아니고 내 집에 어울리지 않는 다고 생각하는 것은 집 안에 두지 않는다. 집을 꾸미는 것에 대한 애착은 앞에서도 언급했지만 어려서부터 시작됐다. 인테리어에 어울리는 가구는 물론 소품 하나도 대충 놓는 법이 없다. 가구는 선물을 받는 경우가 없으니 그럴 일이 없지만, 소품은 선물을 받는 경우가 종종 있다. 하지만 나는 우리 집과 어울리지 않으면 절대 놓지 않는다. 선물한 사람에게는 섭섭하겠지만 어디엔가 숨기거나 필요한 사람들한테 주기도 한다.

결혼해서 살다 보면 종종 회사나 동호회에서 운동 트로피나 상패를 받기도 한다. 누구나 알겠지만 대부분 순서대로 나눠주는 그런 것들이다. 한번은 남편이 회사에서 성과가 좋다며 2년 연속으로 커다란 쟁반 모양의 금상과 은상을 받아왔다. 나는 그것을 자랑스럽게 생각하시는 어머니에게 드렸는데 어머니는 거실의 잘 보이는 곳에 전시하셨다.

3~4년 후 우리가 40평대 아파트로 이사하던 날, 그 상패는 분홍색 보자기에 소중하게 싸여 우리에게 돌아왔다. 어머니가 이제는 넓은 집으로 이사했으니 잘 보이는 곳에 놓으라는 것이었다. 당연히 그 상패들은 침대 밑의 수납박스로 들어가야만 했다. 그렇게 번쩍거리며 멋이라고는 없는 물건을 장식품으로 놓을 수는 없었다. 사은품으로 주는 공짜 물건도 웬만해선 받지 않는다. 그런 물건이 집 안 분위기를 깨트리기 때문이다. 차라리 없는 편이 나은 것들은 두지 않는 것이 현명하다.

나는 모던하거나 빈티지 가구와 소품이 어울리도록 놓는 것을 좋아한다. 빈티지하지만 심플한 디자인의 물건을 좋아하기도 하지만 오랜 시간 정성스럽게 모아온 것들이다. 이따금 좋은 가격에 훌륭한 디자인의 물건을 발견하는 것이 너무나 흥미진진하다. 그 물건이 비싸고 고급스러워 마음에 드는 것이 아니라 내 마음에 드는지가 무엇보다 중요하다. 그런데다 내게 특별한 의미가 있다면 더더욱 소중하다.

벼룩시장이나 앤티크숍에 가면 합당한 가격의 작은 테이블, 의자, 독특한 원단을 찾기 위해 눈을 반짝인다. 어떨 때는 하나도 못 건지고 날이 저물기도 한다. 내 마음을 사로잡는 것은 대부분 합리적인 가격에 디자인이 훌륭한 것들이다. 꽃병, 램프, 레이스, 전화기, 선풍기, 시계 중 마음에 드는 물

건이 있으면 아무리 먼 여행지에서라도 무조건 사고 본다. 빈티지 물건을 집으로 가져오기 위해 수많은 우여곡절을 겪기도 했지만 그것이 우리 집에 오면 뿌듯하다. 여행지에서 가져온 소품들은 그 자체로도 보기 좋지만 그곳에서의 추억을 되새기게 하므로 바라보는 것만으로도 행복해진다. 이렇게 모인 가구와 소품은 우리 집의 분위기를 살리는 데 절대적인 역할을 한다.

이렇게 모은 것과는 별도로 꼭 필요한 물건들을 사야 할 때가 있다. 새로 구입할 품목이 정해지면 가능한 한 모든 정보를 총동원해서 원하는 디자인을 찾고, 좀 더 좋은 가격으로 구입할 수 있는 방법을 찾는다. 나는 이런 상황을 대비해 평소에도 아이쇼핑을 즐긴다. 오프라인, 온라인 할 것 없이 샅샅이 뒤져 최저 가격으로 최고의 물건을 사기까지 시간을 두고 조사한다. 확신이 들 때까지는 선뜻 구매하지 않는다. 옷이나 패션 액세서리와 달리 생활용품은 잘못 구매해서 반품이라도 하려면 얼마나 번거로운지 모른다. 박스를 풀면 반품이 불가능한 경우도 있다.

가장 중요한 가구를 구입할 때 주로 가는 매장과 인터넷 사이트가 있다. 디자인과 품질이 좋지만 가격이 비싼 매장은 가끔 시장조사로는 둘러보지만 내 수준에 맞는 곳에서 필요한 것들을 찾아낸다. 가격대비 좋은 상품을 선택하고,

때로는 주문 제작을 하는 품목도 있다.

　　진한 브라운색 가죽 소파가 오디오룸으로 가면서 거실에서 가장 중요한 소파를 맞춰야 했다. 3인용으로 옆으로 긴 디자인이며, 리넨으로 커버링한 소파를 찾았지만 마음에 드는 것은 대부분 수입 제품이라 가격이 부담스러웠다. 리넨 소재의 내추럴하고 세련된 느낌의 커버 원단을 구입해 소파공장에 주문을 했다. 소파를 맞출 때는 디자인과 함께 편안함을 우선으로 고려했는데 앉거나 누웠을 때 내 몸을 감싸주는 포근한 소파이길 원했다.

　　처음 결혼했을 때 혼수로 장만한 소파는 회색의 합성피혁 제품이었다. 그 당시 패션 디자이너로 일했던 나는 편안함보다는 디자인이 예쁜 것을 선택했다. 그 소파는 디자인은 좋았지만 딱딱하고 폭이 좁아 깊숙이 앉기가 어려웠고 팔걸이가 높아서 기대거나 눕기에도 불편했다. 그 후 아이를 낳고 이사하면서 가장 바꾸고 싶은 것이 소파였다. 한 번의 실수를 경험한 이후 소파를 고를 때는 반드시 이 점을 고려한다.

　　이번에는 패브릭 소재를 쓰는 대신 팔걸이가 사각으로 세워진 모던한 디자인이다. 자칫 팔걸이 부분에 머리를 대고 누우면 불편할 것을 감안해 추가로 같은 재질의 쿠션을 맞춰 양쪽에 비스듬히 두고 팔걸이에는 커버를 맞춰 씌웠다. 이 소파와 같은 원단으로 침실의 헤드 커버와 매트리스 스커

트까지 통일시켜 함께 주문했다.

　소파를 해결하고 나니 나머지는 재미있는 놀이처럼 가지고 있는 물건과 새로 구입할 것들로 이런저런 상상을 하며 배치했다. 때론 상상을 하다 어떤 결정을 하려면 고민스럽지만 많이 생각할수록 좋은 결과가 나온다.

　소파는 가까이 있는 소가구를 어떻게 놓느냐에 따라 다양한 스타일로 거듭나곤 한다. 또한 가구 배치를 할 때 일정한 높이의 가구들은 단조로워 보일 수 있기에 높낮이를 적당히 섞어서 배치하면 좋다. 보통 소파와 티테이블이 낮으니 그 옆의 의자나 사이드 테이블은 높이에 변화를 주면 좋다. 마지막 결정을 할 때 나는 좋아하는 디자이너의 화보집을 참고하곤 하는데, 그래서인지 지금까지는 크게 실수하지 않은 것 같다.

　인테리어에서 미리 계획해야 하는 것 중 하나가 조명이다. 어떤 용도로 쓸 것인지, 천장이나 벽에 부착하는 조명은 어디에 부착할 것인지를 미리 결정해야 전기선을 빼서 준비할 수 있다. 공사가 끝나고 위치를 변경하게 되면 보기 싫은 선이 노출될 수밖에 없다. 천장에 매입해서 기능적으로 사용하는 조명은 인테리어 설계 디자인과 시공 감독을 겸한 후배에게 많은 부분을 일임했다. 물론 디자인과 위치는 함께 의

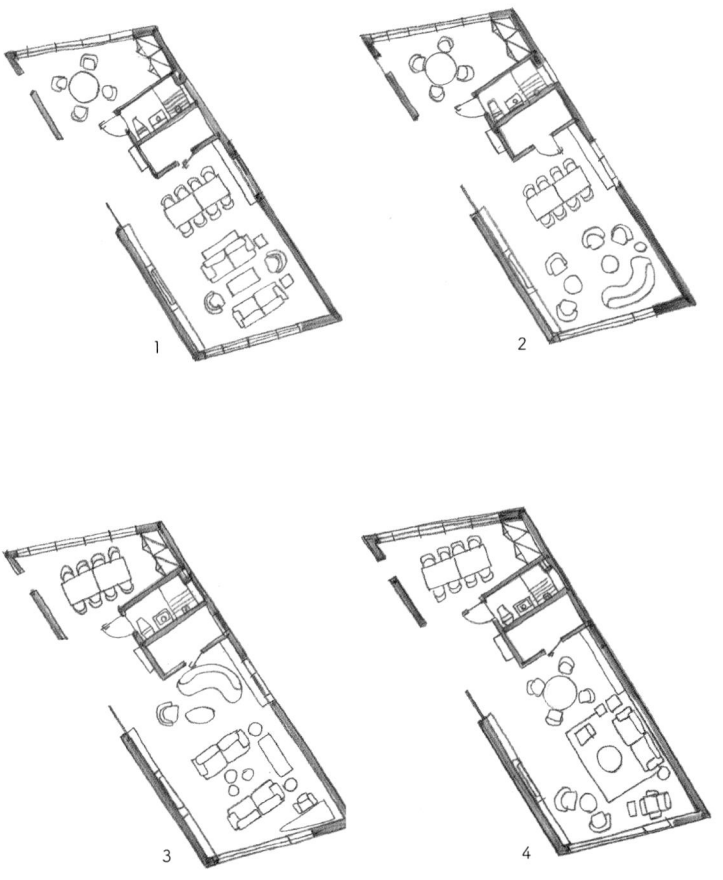

여러 가지 소파 배치 구상
우리 집의 가장 중심인 거실의 가구 배치를 하면서 여러 가지 구상을 도면 위에 펼쳐 보았다. 많은 고민과 생각 끝에 4번 배치로 결정!

논해서 정했지만 이 부분은 전문가에게 일임하는 것이 안전하다고 생각했다.

다음은 디자인적으로 좀 더 중요한 간접조명이다. 여기서는 내가 좋아하고 개성을 표출할 수 있는 것을 마음껏 해볼 수 있다. 마음에 드는 조명을 설치하고 나서 다시 한 번 체크해야 하는 것이 조도다. 조명은 중요한 만큼 전문적인 지식이 필요하기에 나는 항상 조명회사 사장님에게 조언을 요청하곤 했다.

거실의 둥근 테이블 위의 램프는 자주 사용하기 때문에 밝은 LED 램프로 교체했다. 밝기도 밝기지만 가장 자주 켜는 것으로 전기세까지도 감안한 결정이다. 다이닝 테이블에는 촛불을 켤 수도 있기 때문에 램프가 밝지 않은 것이 좋으므로 조도가 낮은 것으로 교체했다. 침실 샹들리에는 낮은 것으로, 사이드 램프 두 개는 침대에서 책을 볼 수 있는 밝기로 정했다.

욕실 장식 램프는 조도가 낮아도 불빛을 사방으로 퍼뜨려 원하는 분위기가 아니라 고민스러웠다. 조명 사장님과 의논해 전구의 위쪽 절반을 실버로 코팅된 것으로 교체했더니 원하던 분위기가 연출되었다. 사소한 부분이지만 만족스러울 때까지 포기하지 않고 노력한 끝에 은은하게 비추는 아름다운 조명을 욕실에 설치할 수 있었다.

물건을 고르다 보면 고급스러운 취향을 가졌지만 제한된 돈으로 해결해야 할 때가 자주 있다. 디자인과 품질이 마음에 쏙 드는 가구와 소품을 구비하려면 그만큼 비용이 들겠지만 그런 것들도 강약이 필요하다. 과감히 투자해서 오래도록 사용할 것과 잠시 사용하다 처분해도 아깝지 않은 저렴한 것으로 적당히 분배해야 한다. 가격이 저렴해도 최대한 감각적인 좋은 디자인과 품질의 제품을 고르는 안목이 필요하다.

우리 집 현관에는 신발장이 없다. 입구에 꽃 한 송이라도 꽂아두거나 신발을 신는 동안 가방이라도 얹어둘 수 있는 나지막한 신발장을 짜 넣을까 싶었지만 촬영하는 데 걸리는 것 없이 넓은 공간을 확보하기 위해 포기했다. 넓은 것까지는 좋은데 현관은 처음 우리 집을 마주하는 공간이라 썰렁하게 둘 수는 없었다. 현관문 안의 한쪽 벽을 이용해 나만의 개성을 십분 발휘해 특색 있는 공간으로 연출했다.

코지 코너에 데커레이션을 할 때는 작은 공간이지만 책에서의 소제목과 같은 콘셉트로 잡는 것이 좋다. 비슷한 분위기의 소품을 서너 개 정도 배치하거나 좀 더 강조하는 코너와 심플한 코너를 적당히 배치하여 데커레이션에 강약을 주는 것도 좋다. 사소해 보이지만 크고 작은 소품들로 꾸민

코지 코너는 작은 부분이지만 때로는 큰 활력소가 되기도 한다.

1 하얀 벽의 창가나 콘솔 등에 빈티지한 새장과 화분을 놓아 거친 느낌을 연출했다. **2** 거실의 흰 벽과 장식장 위에는 흑백사진과 액자 여러 개를 불규칙하게 연출해 멋스럽다. 한 송이씩 꽂은 꽃병이 포인트다.

1 크고 작은 마네킹은 어떤 장소에서나 유니크한 분위기를 내는 아이템이다. 2 침대 옆 사이드 테이블에는 가족들의 사진을 넣은 액자, 여행지에서 가져온 로맨틱하고 정감 있는 소품과 액세서리로 장식했다. 3 빈티지한 거울 재질의 소품들은 모던한 인테리어의 욕실에 잘 어울린다. 4 욕실의 수납장에 사용한 문고리들은 여행지에서 가져온 것들이다. 5 빈티지 재봉틀 다리에 대리석을 잘라 얹어 콘솔로 사용하고 있다.

무드를 더하는 패브릭의 매력

　커튼, 카펫, 쿠션, 침구류 등 패브릭 제품은 집 안을 꾸미는 데 있어 다양한 변화를 주고 개성 있는 공간을 연출할 수 있는 중요한 아이템이다.
　커튼에 관한 디자인에서는 두 가지 사안이 중요하다. 하나는 멋진 전망을 최대한 즐길 수 있어야 하는 것과 다른 하나는 필요할 때 외부와의 시선을 차단하는 것. 한 가지 더 감안한다면 계절에 따라 외부의 온도를 어느 정도 차단하는 단열 효과가 있어야 한다는 것이다. 나는 낮 동안은 자연광을 최대한 활용하고, 밤에는 공간에 안락함을 줄 수 있는 커튼을 선택하고자 주력했다.
　우리 집 거실에 설치한 커튼은 전체적인 분위기를 스타일리시하게 해주는 데 큰 역할을 한다. 높고 큰 창문의 커튼을 디자인할 때는 중간 지점부터 할까도 생각했지만 창의 특징을 그대로 살리기로 했다. 원단은 국내에서 쉽게 구할 수 있는 저렴한 것으로 결정했는데, 원단값을 절약해 자동 개폐 설치를 하고 싶었기 때문이다. 설치하고 보니 저렴한 가격의 원단이라도 위에서부터 깊게 떨어지는 주름과 자연스러운 색상이 멋지게 연출됐다. 커튼 원단은 주름이 잡혔을 때 흐르는 느낌을 염두에 두고 골라야 한다.

거실의 커튼 색을 정할 때는 실내 공간에서 중요한 역할을 하는 가구와의 균형을 생각해야 한다. 커튼이 복잡하거나 화려해서 전체 분위기를 흔들어서는 안된다. 커튼의 길이도 중요한데, 넉넉하게 끌리는 것이 멋스럽기는 하지만 먼지가 걱정되니 살짝 끌리는 정도로 만족하기로 했다.

그 반대편의 중층에는 테라스로 나가는 창문이 있다. 이곳은 아래층에서 하늘이 보이고, 햇볕을 가려야 할 이유가 없기 때문에 커튼을 하지 않기로 했다. 다이닝 쪽의 넓은 창도 창밖의 경치를 즐길 수 있도록 아무것도 설치하지 않았다. 우리 집에서 가장 넓은 거실에 가장 큰 창만 과감한 커튼으로 힘을 준 것이다.

패브릭이 파워풀한 힘을 발휘하는 곳은 바로 침실이다. 침대는 헤드보드와 투 매트리스를 각각 따로 맞추거나 구입했는데 침대의 헤드보드와 매트리스를 같은 재질의 내추럴 리넨으로 통일해서 맞추었다. 침대 헤드보드를 원단으로 제작해서 세우니 침실이 세련되면서도 따뜻한 느낌을 자아냈

다. 그런데 내 마음에 드는 침구 세트를 국내에서 구입하는 게 너무 어려웠다. 호텔에서나 볼 수 있는 심플한 화이트 컬러의 부드러운 침구 세트를 원했지만 슈퍼싱글 사이즈의 기성품을 찾을 수가 없었다.

백화점에서 충분한 돈을 지불하면 가능하겠지만, 결국에는 원단을 구입하고 맞춤 제작을 할 수밖에 없었다. 화이트 컬러의 침구 세트를 세팅하고, 그 위에 뉴트럴 컬러의 체크무늬 블랭킷을 덮어두었다. 블랭킷을 뉴트럴 톤의 체크무늬로 고른 이유는 아름답게 빛이 비치는 침실 커튼과의 조화 때문이다. 커튼의 나뭇잎과 꽃을 연상시키는 자수 무늬가 아름답고 로맨틱해 보인다. 그런데 블랭킷을 꽃무늬 등의 강한 패턴으로 하면 두 무늬가 서로 부딪쳐 분위기를 해치게 된다. 예쁜 자수는 자수대로 섬세하게 표현되고, 단순한 체크무늬 또한 튀지 않으면서 나름의 개성을 돋보이게 하는 것이 좋다.

이 커튼은 파리 전시회에 갔을 때 구입 것으로 하늘하늘한 리넨에 로맨틱하면서 섬세한 자수가 놓인 것이 매력적이다. 그런데 침실의 창문보다 길이는 길고 폭은 좁아서 사이즈가 맞지 않았다. 고민한 끝에 가장 안쪽에 햇빛이 비치지 않는 안막 커튼을 튀지 않는 색상으로 설치하고, 사이즈가 안 맞는 비치는 커튼은 길이를 잘라서 달았다.

그 사이에 내추럴한 소재로 커튼을 하나 더 달아 삼중으로 완성했다. 때로는 햇빛이 비쳐 아름다운 자수가 로맨틱해 보이기도 했고, 때로는 반쯤만 햇빛이 비치도록 했고, 때로는 암막 커튼까지 쳐서 완전히 햇빛을 차단하기도 했다. 우리의 침실은 커튼만으로도 다양한 모습으로 변신을 거듭하고 있다.

아들의 퀸 사이즈를 위한 침구 세트는 아이보리와 뉴트럴 색상으로 정했다. 아들이 지내는 시간이 별로 없지만 심플하면서도 먼지가 앉지 않도록 리넨 스프레드로 덮어두었다. 그러니 아들이 집에 오면 리넨 스프레드만 걷으면 된다.

남편의 오디오룸 커튼은 두 가지만 충족시키면 되었다. 남편 의견을 물으니 가끔 햇빛을 완전히 차단하거나 때로는 비치는 커튼이면 좋다고 했다. 가지고 있는 암막 원단과 비치는 원단을 이중으로 설치했는데, 그동안 쓰던 것이 있어서 재활용했다. 색상도 순한 그린색이어서 나름 편안하게 잘 어울렸다. 커튼의 색상과 톤온톤으로 매치한 쿠션도 지난번 집에서 의자 방석으로 쓰던 것을 활용해 소파 위에 놓았다. 오디오룸의 마룻바닥은 도트 무늬의 카펫을 부분적으로 깔았더니 벽의 타공판 동그라미와 연결되어 재미있는 공간이 만들어졌다.

디자인도 중요하지만 실용적인 기능을 겸해야 하는 러그도 중요한 인테리어 소품이다. 욕실의 거울과 세면대 앞, 변기 앞, 싱크대 앞과 정수기 물이 가끔 튀어서 필요한 냉장고 앞에는 적당한 사이즈와 무난한 색상으로 골랐다. 부부 욕실에는 베이지색과 흰색을 기본으로, 아이가 쓰는 욕실에는 젊은 분위기의 회색을 선택했더니 시멘트 벽과도 잘 어울려 최선의 선택이었음을 증명했다.

실내에 자연을 들이세요

화사하게 핀 꽃나무, 푸르른 잎이 무성하거나 때로는 낙엽 지는 자연을 실내에서 바라볼 수 있다는 것은 더없는 행운이다. 그런 멋진 경관을 즐길 수 있는 넓은 창은 드라마틱한 액자처럼 다양한 풍광을 보여주며 말할 수 없는 감동을 전한다.

벚꽃, 아카시아 그리고 잡초마저 항상 보던 것들인데 거실에서 바라보면 그 변화가 하루하루 다르다. 이 집으로 이사해 살기 전까지는 벚꽃이나 아카시아꽃이 열흘 정도만 만개하고 바로 진다는 것을 실감하지 못했다. 그 꽃잎들은 활짝 만개한 모습도 아름답지만 꽃잎이 질 때 꽃비를 내리는 모습은 가히 감동적이다. 그러다 며칠 후면 무성한 짙푸른 나뭇잎으로 그늘을 만들어주는데, 조급한 마음에 겨울의 눈꽃을 기대하기도 한다. 그런 나무의 푸름과 함께 중층 유리문으로 보이는 하늘이 어우러져 마치 여행을 떠난 듯한 기분에 젖곤 한다.

　아파트에서는 전망이 좋은 곳이 드물다. 나무가 있어도 건물이 걸리기 일쑤고, 때로는 흉한 간판들이 보여 그것을 가리기 위해 커튼을 달아야 했다. 다행인 건 거실 앞에 테라스가 있다는 점이었다. 그곳에 화분을 어울리게 놓아 정원 분위기를 냈다. 베란다 화단에 흙을 넣고 나무를 심는 경우도 많지만 나는 아파트 시절에는 화분에 나무를 심어 화단 분위기를 연출했다. 큰 화분 하나, 중간 사이즈 한두 개에 나머지는 작은 화분으로 조화롭지만 심플한 정원을 만들었다. 좀 더 정원 분위기를 내고 싶어서 분수 모터를 구입해 커다란 수조에 물을 담아 분수를 설치하고 꽃을 띄우기도 했다. 이 모든 것이 실내라는 점을 감안해 관리가 쉽도록 했다.

　이제 단독주택에 사니 마당이 있고 테라스도 야외라서 자연과 가깝게 지낼 수 있게 되었다. 우리 집 옆에는 적당한 크기의 빈 공터가 있었다. 집을 짓는 동안은 자재를 쌓아두었지만 이제는 예쁜 정원을 만들고 싶었다. 프리랜서로 정원 일을 하는 사장님의 도움을 받아 정원을 만들기 시작했다. 처음에는 적당한 높이로 흙을 고르는 작업부터 시작해서 축대 밑이 위험하다는 이유로 자연석을 두 트럭이나 주문해서 쌓았다.

　조경 전문가와 함께 일하다 보니 커다란 자연석을 쌓을

때도 그 돌의 얼굴을 찾아내 우리가 보는 방향으로 자리 잡게 해야 보기 좋다는 것을 알게 되었다. 꽃 한 송이도 얼굴 방향이 있다는 것은 알고 있었지만 돌에 관한 것은 처음 알게 된 사실이다. 돌을 쌓고 나서 조경자재 업체에 가서 잔디와 디딤돌, 자갈을 구입하고 과천의 화훼단지에서는 꽃나무를 구입했다.

원래 있던 커다란 은행나무 한 그루를 감안해 벚꽃 네 그루, 라일락 세 그루, 설유화, 수국을 구입했으며 월동이 되는 다양한 종류의 작은 꽃을 골랐다. 흰색과 보라색 위주로 색상을 골랐는데, 꽃이 피고 나니 핑크빛이 많아진 것이 조금 아쉬웠다. 복잡하지 않을 만큼 나무와 꽃을 심고 나니 제법 아담하고 짜임새 있는 정원이 되었다. 특히 돌 틈 사이사이에 심은 작은 꽃들이 앙증맞아 보이고, 월동도 하고 피었다 졌다를 반복한다니 언제 다시 피려나 하는 조급함에 자꾸 들여다보게 한다. 바닥에는 잔디를 깔아 마감하고 정원으로 들어오는 길목에 돌을 깔아 정리하니 정원의 모습이 갖춰졌다.

이제는 테라스 만들기. 원하는 테라스 사이즈대로 철물로 난간을 만들고 야외 테라스 재료로 가장 많이 쓰이는 방부목으로 바닥을 깔았다. 그 위에 방부목이 썩지 않도록 원하는 색상으로 스테인을 칠했다. 스테인 색상도 당연히 내추

럴 컬러로 인위적이지 않은 편안한 테라스가 만들어졌고 커다란 직사각 천막을 설치해 그늘을 만들었다. 둥근 파라솔이 보기에 좋지만 여러 사람이 앉을 때 햇빛을 가리기에는 부족할 것 같아서 직사각으로 결정했다.

당연히 바비큐를 할 수 있어야 하기에 지하 암실에 설치했다가 크기가 안 맞아 철거했던 커다란 싱크대를 설치했더니 야외용으로 쓰기에 편리하다. 싱크대를 짜 넣으면서 LPG 가스통과 외부 차양의 페인트색을 통일함으로써 자칫 지저분해 보일 수 있는 것을 빈티지 느낌이 나도록 했다. 마지막으로 커다란 바비큐 그릴을 사고, 남편의 로망대로 정원에도 오디오 시스템를 설치했다. 이렇게 만들어진 정원은 촬영팀에게는 일하면서 식사하는 장소로, 우리에게는 지인들과 바비큐 파티를 여는 장소로 여러 모로 유용하게 이용되고 있다.

1층의 야외 정원 말고도 야외를 즐길 수 있는 장소가 있다. 옥상도 그중 하나지만 우리는 엘리베이터가 없기 때문에 계단으로 올라가 옥상을 즐길 것 같지는 않았다. 그렇지만 2층 중층에서 나가는 테라스는 그냥 두기에는 아까운 전망을 가지고 있다. 그곳에도 같은 방부목으로 바닥을 깔고 나니 멋진 쉼터가 되었다. 중층의 테라스는 어디에서나 동산과 나무를 볼 수 있어 난간을 심플하게 꾸미는 것 말고는 그대로 두었다. 남편이 오디오룸과 가까운 이곳 테라스에 편한 야외용 의자를 서너 개 놓자고 제안해서 그렇게 했더니 늦은 밤 친구들과 와인이나 맥주를 즐기는 멋진 공간으로 탈바꿈했다. 이곳에서도 음악을 들을 수 있는 포터블 오디오가 준비되어 있는 것은 당연하다.

집 주변의 곳곳에서 자연을 즐길 수 있지만 일주일에 한 번은 꽃을 사러 양재동 꽃시장에 간다. 지인들은 생화를 사는 것이 돈이 아깝지 않냐고 묻지만 커피 전문점에서 커피 두세 잔값으로 일주일 내내 아름다운 꽃을 즐기고 풍요로움까지 덤으로 얻으니 전혀 아깝지 않다.

나는 우리나라 꽃 문화에 많은 영향을 끼쳤다고 자부한다. 예전 소호앤노호 시절에도 꽃이 패션의 일부라고 생각해 단순한 꽃꽂이가 아닌 공간에 어울리는 플라워 디자인을 알리고자 노력했다. 특히, 나는 꽃을 단순하게 코디하는 것을 선호한다.

1층에 한 종류, 2층에 한 종류의 계절 꽃을 산다. 2층이 풍성할 때는 1층은 단순하게, 때로는 그 반대로 준비한다. 크기가 다른 꽃병에 각각 한 송이씩 꽃을 꽂아 테이블이나 창가에 두거나 꽃병을 나란히 두기도 하고 무리지어 놓기도 한다. 때로는 욕실에 한 송이, 오디오룸에 한 송이, 비어 있는

1 꽃은 여러 종류를 섞어서 꽂으려 하면 어렵게 느껴진다. 나는 웬만하면 한 가지 꽃으로만 연출한다. 2 벽에 부착하는 재미있는 디자인의 꽃병을 나란히 두지 않고 꺾이는 벽을 활용해 재미있게 데커레이션해보았다. 3 풍성한 꽃 한 송이만으로도 풍성한 느낌을 준다.

아들 방에도 한 송이를 두기도 한다. 그때그때 제철 꽃을 사는 것이 비용을 절약할 수 있는 비결이다.

집들이 때 지인들은 화분을 보내고 싶어했지만 나는 정중하지만 단호하게 거절했다. 웬만해서는 마음에 쏙 드는 나무 화분이나 꽃이 배달될 수 없다는 것을 잘 알기 때문이다. 그런데도 한 변호사 친구는 굳이 화분이나 꽃을 보내고 싶어했다. 평소 친하게 지내는 사이라 사정을 설명했지만 귀여운 고집을 부렸다. 할 수 없이 굳이 꽃을 선물하고 싶으면 단골집으로 송금을 해달라며 꽃집 통장번호를 건넸다.

선물을 돈으로 받는 것이 민망했지만 마음으로 하는 선물이라도 마음에 들지 않으면 환영할 수 없는 나의 성향은 어쩔 수가 없었다. 친구의 꽃값 덕분에 나는 집들이 때 풍성하게 꽃을 연출할 수 있었다. 그러고도 비용이 남아 족히 석 달은 일주일에 한 번씩 꽃을 구입할 수 있었다. 매주 초에 꽃을 구입하면 사진을 찍어 친구에게 메시지로 보내는 것도 잊지 않았다.

공간을 돋보이게 하는 데코 아이템

의자와 사이드 테이블

데커레이션 아이템 중 으뜸으로 꼽는 것이 의자와 사이드 테이블이다.

이 두 가지 아이템은 기능적으로도 필요하지만 디자인이나 어느 공간에 놓이느냐에 따라 다양한 변신이 가능하다. 우리 집에도 다양한 종류의 의자와 사이드 테이블이 있는데, 기능적인 면뿐만 아니라 그 자체로도 훌륭한 장식 역할을 하고 있다. 때로는 의자로, 때로는 사이드 테이블로 필요한 용도에 따라 변화를 즐기기도 한다.

따라서 공간에 어떤 특징을 부여하거나 스타일링에 변화를 주고 싶을 때는 커다란 테이블이나 소파보다는 개성이 묻어나는 의자를 눈여겨보길 권한다. 의자라는 가구가 지닌 힘은 실로 대단해서 밋밋한 공간에 아티스틱하거나 디자인적인 감각이 있는 의자 하나만 두어도 그 공간이 힘을 얻고 빛을 발한다.

내가 좋아하는 의자

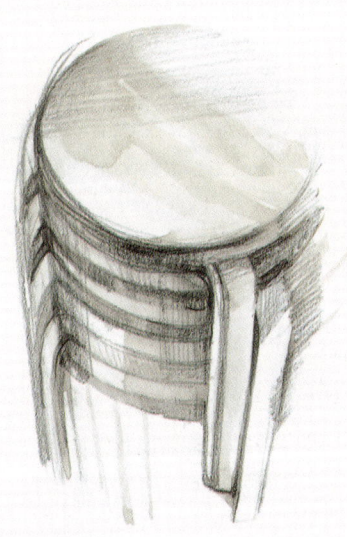

스태킹 스툴(Stacking Stool)
알바 알토(Alvar Aalto), 1932년
심플한 사각 디자인의 스툴은 다양한 재료와 디자인으로 제작된 것을 가지고 있으면 여러 가지로 활용도가 높다. 가지고 있는 소파와 같은 재질로 세트 제작을 하거나, 별도의 재질로 제작해 믹스&매치할 수 있다. 스툴은 벽에 붙이지 않고 주로 소파나 의자 옆에 두어, 공간을 분리하는 역할을 하기도 한다. 목재, 돌, 플라스틱, 철재 등의 재질을 사용해 사각, 원형 등 다양한 디자인으로 만들어진 스툴을 곳곳에 두고, 때로는 여분의 의자로 때로는 사이드 테이블로도 사용하면 좋다.
나는 많은 손님들이 방문했을 때를 대비해 원형의 작은 스태킹 스툴을 열다섯 개 정도를 보유하고 있다.

LCW(Lounge Chair Wood)&LCM(Lounge Chair Metal)
찰스&레이 임스(Charles&Ray Eames), 1945~1946년

찰스&레이 임스는 '실용적이면서 보기에도 좋고 트렌디하면서 경제성과 안락함을 모두 충족시킬 가구를 만들자'는 철학을 갖고 있다.
LCW와 LCM은 목재합판의 여러 요소를 활용해 디자인된 모던하고 스타일리시한 라운지 체어로, 그들의 철학과 부합하는 결정적인 결과물이었다. 튼튼하고 편하면서 가격까지 저렴한 이 의자는 2차 세계대전 직후 가정을 이룬 미국의 젊은 세대들에게 필수적이었다. 이 의자는 디자이너로서 임스 부부의 이름을 알리면서 동시에 현대 가구디자인사에서 중요한 작품이 되었다.
나는 의자인 듯 소파인 듯 양면성을 가진 LCW를 거실의 소파와 함께 두거나, 서재에 두고 편하게 기대어 앉는 것을 좋아한다.

튤립 체어
이에로 사리넨(Eero Saarinen), 1955~1956년
필란드계 미국인 이에로 사리넨의 튤립 체어는 우주시대를 연상시키는 유기적인 형태의 디자인이다. 몸체는 하얀색 플라스틱이 주재료이며 다리는 알루미늄 주물에 락커칠을 했다. 마치 튤립꽃이 바닥에서 피어나 몸을 감싸는 모양이다. 미국의 인기 공상 과학 시리즈인 '스타 트렉'에서 우주선 조정실 의자로 사용되면서 유명해졌다.
나는 360도 회전이 가능한 이 튤립 체어를 특별히 좋아해서 팔걸이가 없는 것, 팔걸이가 있는 것 모두 가지고 있다. 거실에 소파와 함께 두거나, 다이닝 테이블 또는 사무실의 회의테이블 의자로 쓰기도 한다.

빈티지 소품

　최근 들어 많은 사람들이 빈티지에 열광하고 있다. 항상 새로운 것만 찾던 사람들이 이제는 누군가 쓰던 물건, 흔히 말해 중고 물건에 눈을 돌리고 오래된 물건의 가치를 인정하기 시작했다. 자신만의 개성 있는 공간을 꾸미고 싶다면 빈티지 소품을 추천한다. 나 역시 낡고 오래되었지만, 왠지 정감이 느껴지고 운치 있는 빈티지 소품을 좋아한다.

　그런데 처음에 빈티지 소품을 구입하려면 그 비용이 만만치 않고 어디서 어떻게 구해야 할지도 막막하다. 그러다 보면 빈티지 소품을 모아가는 재미도 느낄 수 없다. 나는 그동안 여행을 하면서 전화기, 타자기, 선풍기, 탁상시계, 재봉틀, 미니 마네킹 등을 하나씩 구입했는데, 이제는 그 물건들에서 세월의 깊이와 추억이 느껴진다.

　처음 빈티지 소품을 모으고 싶다면 오리지널 빈티지만 고집할 게 아니라 리프로덕트한 제품에도 눈을 돌려보면 어떨까 싶다. 이런 제품은 비교적 가격도 저렴하거니와 쉽게 구입할 수 있으며 오리지널 빈티지 소품 사이에 한둘 정도 섞어두면 나름의 가치를 발한다. 한 발짝 더 나아가 이런 소품에 백이나 레이스, 액세서리 등의 빈티지 패션 소품을 함께 놓아 꾸미면 나만의 유니크한 공간을 연출할 수 있다.

조명

인테리어에서 쉽게 결정하기 어렵지만 정말 심사숙고해서 결정해야 하는 것이 바로 조명이다. 그런데 우리가 신경 쓴 그 이상으로 빛을 발하는 아이템 역시 조명이다. 벽에 설치하는 브래킷 조명은 공사를 해야 하는 만큼 설치가 어렵지만 스탠드는 따로 전기 설비를 할 필요가 없으니 마음에 드는 디자인으로 자유롭게 고를 수 있다.

집을 새로 짓는 거라 벽에 조명을 설치하는 것이 손쉬웠지만 나는 그 밖에도 부분 조명의 디자인과 조도에도 각별히 신경 썼다. 날이 어두워지면 온 집 안에 환하게 불을 밝힐 필요가 없으니 내가 활동하는 장소를 중심으로 부분 조명을 밝혀두면 그때마다 특별한 분위기를 즐길 수 있어 만족스럽다.

내가 좋아하는 조명

인더스트리얼 스타일 플로어 스탠드와 브래킷
오래된 창고나 공장 등에서 쓰여질 것 같은 인더스트리얼 스타일의 조명은 언뜻 캐주얼해 보이지만 놓여지는 위치에 따라 여러 가지 다양한 모습으로 연출된다. 특히 모던한 인테리어에 빈티지한 분위기를 연출하는 데 빼놓을 수 없는 아이템이다.
플로어 스탠드는 거실이나 침실 등 주로 넓은 공간에 사용한다. 집 안의 전체 분위기와 조화를 이룰 수 있는 것으로 선택하면 좋다.
'벽등'이라고도 불리는 브래킷은 샹들리에 등 메인 조명의 보조 역할을 하거나 벽에 장식적인 효과를 주기 위해 사용된다. 은은한 간접조명으로 분위기 있는 벽을 연출하기에 좋다.

네오클래식 스타일 테이블 스탠드
스탠드는 필요한 곳에 부분적으로 빛을 비춰주는 효과와 함께 그 자체로 장식 효과를 동시에 누릴 수 있는 조명이다. 테이블이나 콘솔, 침대 사이드 테이블 등에 올려놓고 사용하면 분위기 좋은 방을 연출할 수 있다.
이 스탠드는 형태만 보아서는 클래식하지만 유리나 도자기, 철제 등을 사용한 것들은 네오클래식 스타일의 분위기를 낸다. 따라서 이 스탠드를 이용하면 자칫 단조로울 수 있는 모던한 공간을 감각적이고 개성 있게 연출할 수 있다.

샹들리에
가장 화려한 조명으로 손꼽히는 샹들리에는 집의 인테리어 스타일과 분위기에 맞는 디자인을 선택하는 게 중요하다. 샹들리에 하면 클래식한 공간을 떠올리는 시대는 지나갔다. 색상이 들어가거나 화려한 구슬들이 달려 있지 않은 클리어한 크리스탈의 샹들리에는 모던한 공간을 유니크하게 변화시키는 데 활용하기 좋은 아이템이다. 의례적인 것보다는 큰 사이즈의 심플한 디자인의 샹들리에로 과감하게 장식하면 그 자체만으로 인테리어 완성도를 높일 수 있다.

액자

우리 집 벽은 오래전부터 남편 작품의 갤러리였다. 처음에는 취미로 시작했지만 언제부터인가 전문가적인 수준이 된 남편의 사진을 벽에 거는 것은 너무나 당연했다. 하지만 나는 어울리지 않는 액자를 벽에 거는 것은 좋아하지 않는다. 남편의 흑백사진은 우리 집에 말할 수 없이 잘 어울린다. 예전 아파트에서는 벽에 못을 박아서 액자를 달았지만 이번 거실은 촬영할 때 수시로 치워야 해서 벽에 달지 않고 모두 벽에 기대두었다.

처음엔 벽에 걸지 못하는 것이 어색하고 아쉬운 마음도 있었는데, 지금은 자유롭게 놓여 있는 여러 개의 흑백사진이 한층 더 멋스럽다. 여행지에서 찍은 사진 사이사이에 우리 가족사진이 보이도록 함께 놓았더니 제법 그럴듯하다. 여기서 한 가지 짚고 넘어갈 것은, 비록 가족사진이라 할지라도 스타일리시해야 한다는 것이다.

모노톤의 가전제품

나는 화려한 문양과 무늬가 있는 가전제품을 싫어한다. 그런데 최근에는 거의 대부분의 가전제품이 화려한 색상과 요란한 문양으로 자신의 존재감을 과시하고 있다. 과연 무늬가 없으면 안 팔리기 때문일까? 나날이 복잡하다 못해 조악

해지는 디자인의 가전제품을 구입할 수 없는 나와 같은 취향의 소비자들은 어쩌란 말인지 묻고 싶다.

이런 나의 눈길을 사로잡은 제품이 있으니, 고집스러운 백색가전과 스틸 제품으로 한국 시장에서 선전하고 있는 GE 제품이다. 물론 국내 대기업에서도 스틸 디자인이 생산되지만 디자인적인 완성도는 다소 떨어지지 않나 싶다. 이번에 나의 간택을 받은 제품은 GE의 스틸 냉장고다. 수수하고 조촐한 디자인으로 자신의 존재를 드러내지 않는 모노톤 가전제품이 싱크대와 나란히 자리를 잡으니 통일감을 주면서 시크한 매력을 발산한다.

주방용품

베이식한 컬러를 메인으로 모노톤의 가전제품이 모던하고 심플한 분위기를 연출하는 주방에는 컬러풀하고 톡톡 튀는 그릇으로 장식적인 효과를 노려도 좋다. 만약 우리 집에 화려한 컬러와 디자인으로 지나치게 치장했다면 그릇 등의 소품이 악센트 역할을 할 수 없었을 것이다. 또한 마구잡이로 이런저런 컬러와 디자인으로 뒤섞여 산만하기만 했을 것이다.

우리 집 주방에는 스테인리스 재질의 심플한 주방기구도 잘 어울린다. 하지만 가끔 스페셜한 분위기를 즐기고 싶

을 때는 플라워 패턴이 가미된 로맨틱한 도자기나 실버 플레이트로 색다른 느낌을 연출한다. 똑같은 음식이라도 어떤 식기에 담느냐에 따라 그 분위기는 천차만별이기 때문이다. 결혼 초에 분식류를 사다 그럴듯한 접시에 담아냈더니, 그 음식의 격이 달라지는 것과 같은 이치다.

또 주방에서 감초 역할을 하는 조리도구도 어떻게 적절하게 응용하느냐에 따라 훌륭한 소품이 될 수 있다. 그런데 너무 산만하게 마구 걸어두면 아무래도 지저분해 보이므로 디자인적인 감각이 묻어난 제품을 선별해 몇 개만 악센트로 매달아두는 것이 좋다.

유리 장식품

깨끗한 유리 장식품은 어느 곳에 놓아도 그 장소와 근사하게 어우러지는 힘이 있다. 유리 제품은 컬러풀하거나 무늬가 화려하면 왠지 복잡해 보일 것 같아서 단순한 디자인을 고르곤 한다. 하지만 화려한 문양의 글라스는 도기와 달리 화려함을 즐기는 소재로 다소 지나치게 장식적인 제품을 선택해도 후회하지 않을 것이다. 또한 유리병은 하나만 놓기보다 여러 개를 나란히 두는 것이 감각적이다. 때로는 같은 디자인을 크기만 다른 걸로 두어도 분위기를 살릴 수 있다.

나는 원래 용도는 촛대인 유리 장식품을 놓아 그 자체

로 인테리어 소품으로 활용하고 있다. 이때 비슷한 분위기의 글라스 화병을 함께 놓아 코디하면 공간에 재미를 더할 것이다.

초와 촛대

우리 부부는 촛불 켜는 것을 좋아하고 즐긴다. 내가 이런 얘기를 하면 "촛불을 왜 켜는데요? 그래도 특별한 날에만 촛불을 켜겠지요?" 하고 반문하는 사람도 있을 텐데, 우리 부부는 특별한 날이 아니라도 촛불을 켜고 술 한잔 마시는 것을 즐긴다.

해가 지고 어둑어둑해지면 부분 조명으로 아늑한 분위기를 만들고 촛불을 더하면 금세 로맨틱한 분위기가 연출된다. 우리 집에는 항상 알루미늄에 담겨 있는 일회용 초가 있어 언제라도 마음만 먹으면 촛불을 켤 수 있다. 딱히 수집하자고 한 건 아니지만 독특한 디자인의 촛대를 보면 마음이 흔들리곤 했다. 그런 촛대에 촛불을 켜기도 때로는 화병 속에 넣어서 켜기도 하는 등 그날의 기분에 따라 색다른 분위기를 즐긴다. 여기에 아로마 오일로 그윽한 향을 더하면, 고급 레스토랑이 부럽지 않다.

꽃과 꽃병

인테리어 데커레이션의 화룡점정은 뭐니 뭐니 해도 꽃이다. 조화가 아닌 살아 있는 꽃이야말로 그 공간을 아름답게 만들고 생기를 부여한다. 꽃은 어떠한 꽃도 가치가 있고 아름답지만 어떻게 스타일링을 하느냐에 따라 180도 달라진다. 예쁘다고 이것저것 아무 꽃이나 꽂으면 절대 아름답지 않다. 그래서 나는 꽃을 선택할 때도 몇 가지 주의를 기울인다.

되도록 제철에 나오는 꽃을 고르고 한 공간에 한두 종류 이상은 섞지 않는다. 그렇게 스타일링한 꽃은 비용면에서도 물론 시간적으로도 손쉽게 꽃을 스타일링할 수 있다.

그날의 기분에 따라 때로는 한꺼번에 화병 가득 꽃을 꽂아 풍성한 볼륨을 즐기기도 하고, 때로는 여러 개의 화병에 한두 송이만 심플하게 꽂아 나란히 두기도 한다. 이렇게 어떤 공간에 꽃을 놓느냐와 어떤 손님이 방문하느냐에 따라 다양한 방법을 시도해보고 연출한다. 또 하나, 로맨틱한 촛대와 화병은 천생연분처럼 잘 어울리는 커플로 자주 이런 조합을 즐긴다.

추억이 담긴 물건

내가 결혼할 때 시어머니께서 한눈에 봐도 고급스러운 자개가 박힌 사주단자를 보내주셨다. 그 당시도 워낙 장식품

에 관심이 많았기에 단아한 검정색의 자개 장식함이 내 마음을 흔들었다. 십수 년 전 새로 입주할 아파트의 인테리어 공사를 하는 동안 짐을 맡긴 창고에 불이 나서 많은 소품이 몽땅 타버렸지만 이 함만큼은 시댁에 맡겨놓았기에 얼마나 다행스러웠는지 모른다. 그 후로도 이 함은 여전히 내 곁에서 나를 기쁘게 한다.

빈티지한 소품과 함께 진열한 승마 인형은 뉴욕으로 출장 갔을 때 함께 일하는 후배가 선물한 것이다. 그 당시 내가 승마를 배운다는 말을 듣고 샀다는 이 인형은 멋진 승마복을 입고 있어서 정말 마음에 들었다. 더구나 예전에는 갖고 싶었지만 못 가졌었기에 더욱더 애착을 느끼고 있다. 커다란 트렁크에 모자가 구겨지지 않게 가져오느라 얼마나 신경을 썼는지 지금 생각해도 입가에 미소가 번진다. 그런 인연으로 우리 집의 데커레이션 테이블을 장식하고 있다.

나이가 들수록 추억을 먹고 산다는 말이 있다. 하나하나 추억이 깃든 소품이나 물건을 바라볼 때면 단지 물건 이상의 가치가 있음을 절실히 깨닫게 되고 또 감사해진다.

Epilogue

새집에 들어온 지 넉 달의 시간이 바람처럼 흘렀다.

수납이 어느 정도 마무리되고 나서야 원고에 집중할 수 있었다. 나의 로망이었던 둥근 테이블을 거실에 놓고 하루 종일 글을 쓰면서 이 행복에 감사했다. 어느 날은 햇빛이 따사로이 내리쬐고, 어느 날은 추적추적 비가 내린다. 또 언젠가는 앞동산 벚꽃나무에 꽃봉오리가 맺히더니 흐드러지게 꽃이 피면서 향긋한 향을 여기저기 흩뿌렸다. 그로부터 며칠 후에는 꽃비가 내리면서 또다시 내 마음을 흔들었다.

매일매일 거실에서 바라본 창밖의 모습이 황홀하기 그지없다. 어느 날은 햇빛이 쨍쨍해서 하얀 이불을 창가 의자에 걸쳐놓았더니 사진을 찍기 위해 연출한 듯 근사했고, 그런 풍경이 다른 집 아닌 우리 집에서 펼쳐진다는 사실에 또 한 번 감격스러웠다.

우리 집을 다녀간 많은 사람들은 언제부터 전원주택에 살 계획을 했었는지 궁금해했다. 사실 나는 전원주택을 꿈꾸지는 않았다. 전망 좋은 집이 좋았지만, 그게 꼭 전원을 의미하는 것은 아니었다. 멋진 파라솔 아래서 여유롭게 쉬는 것은 좋지만 햇빛 아래서 정원을 가꾸거나 텃밭을 일궈 채소를 키우는 것은 좋아하지 않는다.

서울의 교통 좋고, 교육 환경 좋은 곳에 위치한 아파트 대신 머지않은 우리의 미래를 계획할 수 있는 그런 집을 우리 부부는 원했다. 아직은 경제 활동을 하기 때문에 서울에서 되도록 가깝고, 다소 무리는 했지만 우리의 경제 상황에 맞는 그런 곳을 말이다. 지금 이 집은 그런 조건에 두루 부합하고 우리의 꿈을 실현시켜준 곳이다.

우리 가족은 해마다 여름휴가 때는 긴 일정을 잡아 이

탈리아의 토스카나, 프랑스의 프로방스, 독일의 라인 강변 등 자연이 아름다운 곳들을 여행하곤 했다. 그런데 올해는 그 여행의 욕구가 생기지 않았다. 올 한 해만큼은 새로 들어온 우리 집을 떠나지 않은 채 한껏 즐기고 싶었기 때문이었다.

  이 글을 쓰기 시작한 5월에는 앞동산의 아카시아 꽃이 거실 창을 근사하게 장식하고 이내 꽃비를 날리며 장관을 이루었다. 그런데 이제는 푸른 잎이 우거져 내년을 기약하고 있다. 이런 것이야말로 우리 집에서 누릴 수 있는 최고의 호사가 아닌가 싶다. 이렇게 우리 집을 사랑할 수 밖에 없는 모든 것들에 감사한다.

Thanks to

아름다운 집과 책을 만드는 데 도움을 주신 여러분에게 감사드립니다.

프로젝트 디렉터
최연돈 · 권은순

프로젝트 매니저
김병욱 · 권태정

기초 설계
김영진

인테리어 설계
박종일

데커레이션
성혜경 · 조성분 · 김소현

사진 제공
까사리빙
Studio Tec in Japan
최연돈 · 안웅철 · 박찬우 · 박유빈

일러스트
김윤선

이밖에 도와주신 분들
마젠타 스튜디오 권순복 대표
리빙탑스 변종남 이사
아시아 경영자연합회 한국지국장 이주일 사장
와츠조명
로얄앤컴퍼니
GE KOREA((주)지케이 어플라이언스)